W0176455

Dr. Oetker

heute mal **Eintopf!**

Dr. Oetker

heute mal Eintopf!

Dr. Oetker Verlag

Ein Topf, viele Möglichkeiten und noch mehr Genuss!

Welche Geschmacksreise soll es denn heute sein?
In den Norden mit schwedischer Kartoffel-Köttbullar-Suppe, in den Süden mit spanischem Kaninchen-Chorizo-Eintopf oder in die Ferne mit indischem Dal?
Leicht als Landeintopf vom freilaufenden Mistkratzer oder kräftig als Linseneintopf mit Mettwürstchen?
Mit diesen Eintopfrezepten kommt je nach Stimmung und Anlass auf jeden Fall das passende Geschmacks-erlebnis in den Teller und auf den Löffel!

● = vegan ● = international ● = familientauglich ● = einfach ● = vegetarisch ● = partytauglich

Ungewöhnlich & unwiderstehlich

Spanischer Kaninchen-Chorizo-Topf
Seite 10 | ● ●

Asia-Gemüseeintopf mit Hackbällchen
Seite 12 | ● ●

Graupencurry mit Sonnenblumenkernen
Seite 14 | ● ● ●

Süßkartoffel-Kürbis-Topf
Seite 16 | ● ● ●

Schwedischer Kartoffel-Köttbullar-Topf
Seite 18 | ● ● ●

Afrikanischer Eintopf mit Kochbanane
Seite 20 | ● ● ● ●

Pasta e Fagioli
Seite 22 | ● ● ●

Italienischer Bohnen-Gemüse-Topf
Seite 24 | ● ● ●

Kichererbsen-Hähnchen-Eintopf
Seite 26 | ● ● ●

Orientalischer Lammeintopf
Seite 28 | ● ● ●

Mexiko-Eintopf
Seite 30 | ● ●

Tortellini-Eintopf mit „Arme-Leute-Parmesan"
Seite 32 | ● ●

Tagine (Tajine)
Seite 34 | ● ●

Currytopf mit Kokosmilch
Seite 36 | ● ●

Barbecue-Tofu-Eintopf
Seite 38 | ● ● ● ●

Tiroler Speckknödeleintopf
Seite 40 | ● ● ●

Indischer Dal
Seite 42 | ● ●

Galizischer Gemüsetopf mit Sobrasada
Seite 44 | ● ●

Leicht & lecker

Grünkohl-Currytopf
Seite 48 | ● ●

Ajvar-Zucchini-Topf
Seite 50 | ● ● ●

Kürbiseintopf mit roten Linsen
Seite 52 | ● ●

Weiß-grüner Kohltopf mit Petersilienpesto
Seite 54 | ● ●

Rote-Rüben-Eintopf
Seite 56 | ● ● ●

Gemüseeintopf „Querbeet"
Seite 58 | ● ● ●

Chili sin carne
Seite 60 | ● ● ●

Grüner Gemüseeintopf mit Nudeln
Seite 62 | ● ●

Spargeleintopf
Seite 64 | ● ●

Tofueintopf
Seite 66 | ● ● ●

Sellerie-Kartoffel-Eintopf
Seite 68 | ● ●

Bunter Eintopf
Seite 70 | ● ●

Weitere leichte & leckere Eintöpfe

Graupentopf
mit Hähnchen
Seite 72 | ● ●

Gemüseeintopf
mit Bratwurstbäll-
chen

Seite 74 | ● ●

Kanincheneintopf
Seite 76 | ● ●

Eintopf vom freilau-
fenden Mistkratzer
Seite 78 | ●

Chinakohleintopf
Seite 80 | ● ●

Hähnchenfleisch-
topf mit Paprika
Seite 82 | ●

Eintopf von
4 Wurzelgemüsen
Seite 84 | ● ●

Fischeintopf mit
Knoblauchcreme
Seite 86 | ● ●

Linsen-Tomaten-
Topf
Seite 88 | ● ● ●

Deutsch & deftig

Gulaschtopf
Seite 92 | ● ●

Deftiger
Kohltopf
Seite 94 | ● ●

Sauerkrauteintopf
mit Fischfilet
Seite 96 | ● ●

Weißkohleintopf
mit Kartoffeltalern
Seite 98 | ● ●

Pichelsteiner
Seite 100 | ● ●

Grünkerntopf
mit Steinpilzen
Seite 102 | ●

Sieben-Pfund-Topf
Seite 104 | ● ●

Rindfleisch-
Wirsing-Topf
Seite 106 | ● ●

Erbseneintopf
mit Würstchen
Seite 108 | ● ●

Wirsingeintopf
mit grünen Bohnen
Seite 110 | ● ●

Steckrübeneintopf
Seite 112 | ● ●

Lamm- oder Wild-
eintopf mit Pilzen
und Wirsing
Seite 114 | ●

Gemüseeintopf
aus Vierlanden
Seite 116 | ● ●

Eintopf
„Königsberger Art"
Seite 118 | ● ● ●

Wintereintopf
Seite 120 | ● ●

Linseneintopf
mit Mettwürstchen

Seite 122 | ● ●

Ungewöhnlich & unwiderstehlich

Schon wieder Eintopf? Das sagt garantiert niemand mehr, wenn zum ersten Mal Tagine, Pasta e Fagioli, Mexiko-Eintopf oder Asia-Gemüseeintopf auf den Tisch kommen. Holen Sie sich mit exotischen Gewürzen und Zutaten doch mal die ganze Welt in die Küche.

Spanischer
Kaninchen-Chorizo-Topf

6 Portionen | Pro Portion: E: **46** g, F: **41** g, Kh: **32** g, kJ: **3127**, kcal: **747**, BE: **2,5**

1 küchenfertiges Kaninchen
   (etwa 1,2 kg)
3 rote Zwiebeln
2–3 Knoblauchzehen
400 g Möhren
1 kleine Stange Porree (Lauch)
3 EL Olivenöl
Salz, gem. Pfeffer

150 ml Brandy
   (spanischer Weinbrand)
350 ml Fleisch- oder Gemüsebrühe
400 g festkochende Kartoffeln
200 g Chorizo
   (spanische Paprikasalami)
200 ml heißes Wasser

150 g getrocknete Pflaumen
50 g entsteinte grüne Oliven

Zum Bestreuen:
50 g Weißbrot ohne Rinde
1 Bund Petersilie
50 g Butter oder Margarine
50 g gehackte Mandeln

1 Das Kaninchen in 8 Teile zerlegen. Kaninchenteile mit Küchenpapier abtupfen.

2 Die Zwiebeln abziehen, und grob würfeln. Knoblauchzehen abziehen und durch eine Knoblauchpresse drücken. Die Möhren putzen, schälen, abspülen, abtropfen lassen und in knapp 1 cm große Würfel schneiden. Porree putzen, die Stange längs halbieren, gründlich waschen und abtropfen lassen. Porree in feine Streifen schneiden.

3 Öl in einem Bräter erhitzen. Vorbereitetes Gemüse, Zwiebel und Knoblauch mit den Kaninchenteilen in den Bräter geben. Alles 4–5 Minuten unter gelegentlichem Wenden anbraten, mit Salz und Pfeffer würzen. Dann Brandy und Brühe hinzugießen. Die Zutaten zugedeckt bei mittlerer Hitze etwa 30 Minuten köcheln lassen, dabei gelegentlich umrühren.

4 In der Zwischenzeit die Kartoffeln schälen, abspülen, abtropfen lassen und in knapp 1 cm große Würfel schneiden. Evtl. die Haut (Pelle) von der Chorizo abziehen. Chorizo in etwa ½ cm breite Scheiben schneiden.

5 Kartoffelwürfel, Chorizoscheiben, Wasser und Pflaumen in den Bräter geben und vorsichtig unterrühren. Eintopf wieder zum Kochen bringen, zugedeckt bei mittlerer Hitze weitere etwa 30 Minuten köcheln lassen.

6 In der Zwischenzeit zum Bestreuen das Weißbrot zerbröseln. Petersilie abspülen, trocken tupfen, die Blättchen von den Stängeln zupfen und fein schneiden. Butter oder Margarine in einer Pfanne zerlassen. Brotbrösel und Mandeln hinzugeben und bei mittlerer Hitze goldbraun rösten. Petersilie hinzugeben, unterrühren, mit Salz und Pfeffer würzen.

7 Die Oliven mit in den Eintopf geben. Anschließend den Eintopf weitere etwa 15 Minuten garen.

8 Den spanischen Kaninchen-Chorizo-Topf vor dem Servieren mit Salz und Pfeffer abschmecken. Die Weißbrot-Petersilien-Mischung dazureichen.

Tipps: Ist Ihnen Chorizo zu scharf, nehmen Sie feste Salami (Ø etwa 4 cm) und geben Sie zusätzlich 2–3 Teelöffel Paprikapulver edelsüß in den Eintopf. Wer gern Knoblauch mag, gibt in die Bröselmischung noch 2 Knoblauchzehen (abgezogen und durch eine Knoblauchpresse gedrückt).

Asia-Gemüseeintopf
mit Hackbällchen

4 Portionen | Pro Portion: E: **15** g, F: **16** g, Kh: **20** g, kJ: **1204**, kcal: **287**, BE: **1,5**

- 1 Zwiebel
- 10 g Ingwer
- 400 g Möhren
- 1 kleine Stange Porree (Lauch)
- 1 rote Paprikaschote
- 200 g Knollensellerie
- 300 g Chinakohl

- 100 g Sprossen-Mix oder Sojabohnensprossen

Für die Hackbällchen:
- 10 g Ingwer
- 200 g Schweinegehacktes
- Salz
- 2 EL Speisestärke

- ½ EL Wasser

- 1–2 EL Speiseöl
- 1 l Gemüsebrühe
- 2–3 TL Sojasauce
- gem. Pfeffer
- etwa ½ TL Chinagewürz

1 Zwiebel abziehen und in kleine Würfel schneiden. Ingwer schälen und ebenfalls fein würfeln. Die Möhren putzen, schälen, abspülen, abtropfen lassen und dann schräg in dünne Scheiben schneiden.

2 Porree putzen, die Stange längs halbieren, gründlich waschen und abtropfen lassen. 20 g Porree (ein etwa 4 cm langes Stück) für die Hackfleischbällchen beiseitelegen. Restlichen Porree in etwa 4 cm lange, feine Streifen schneiden. Die Paprikaschote halbieren, entstielen, entkernen und die weißen Scheidewände entfernen. Schotenhälften abspülen, abtropfen lassen und in schmale Streifen schneiden.

3 Sellerie schälen, abspülen, abtropfen lassen und in Rauten schneiden. Dafür Sellerie zuerst in dünne Scheiben, dann jede Scheibe schräg und längs in etwa 1½ cm breite Stücke schneiden. Chinakohl putzen, vierteln und den Strunk herausschneiden. Kohlviertel abspülen, abtropfen lassen und in schmale Streifen schneiden.

4 Die Sprossen in ein Sieb geben, mit kochendem Wasser übergießen, abtropfen lassen und beiseitestellen.

5 Für die Hackbällchen den beiseitegelegten Porree in kleine Stücke schneiden. Ingwer schälen und fein würfeln. Das Gehackte in eine Rührschüssel geben. Porreestücke, Ingwerwürfel, Salz, Speisestärke und Wasser hinzufügen. Die Zutaten mit einem Mixer (Knethaken) zunächst kurz auf niedrigster, dann auf höchster Stufe gut durcharbeiten.

6 Aus dem Fleischteig mit angefeuchteten Händen etwa 20 walnussgroße Bällchen formen und beiseitestellen.

7 Das Speiseöl in einem Topf erhitzen. Zwiebel- und Ingwerwürfel darin andünsten. Die Möhrenscheiben, Porree-, Paprikastreifen und Sellerierauten hinzufügen, mitdünsten lassen. Die Brühe hinzugießen. Die Zutaten zum Kochen bringen und zugedeckt bei mittlerer Hitze etwa 5 Minuten köcheln lassen.

8 Chinakohlstreifen, Sprossen und Hackbällchen in den Eintopf geben, wieder zum Kochen bringen. Eintopf bei mittlerer Hitze weitere 5–10 Minuten köcheln lassen, dabei gelegentlich umrühren. Den Eintopf vor dem Servieren mit Sojasauce, Salz, Pfeffer und Chinagewürz abschmecken.

Graupencurry
mit Sonnenblumenkernen

4–6 Portionen | Pro Portion: E: **13** g, F: **24** g, Kh: **46** g, kJ: **1941**, kcal: **464**, BE: **4,0**

2 rote Zwiebeln
1 Bund Suppengrün
  (Möhre, Sellerie, Porree)
150 g Süßkartoffeln
2 EL Olivenöl
1 EL vegane rote Currypaste
75 g Puy- oder Pardina-Linsen
100 g Perlgraupen, grob

750 ml vegane Gemüsebrühe
400 ml Kokosmilch

150 g Wirsing
Salzwasser
1–2 Stängel Zitronengras

Zum Bestreuen:
50 g Sonnenblumenkerne
2 EL Sojasauce

100 g getrocknete, entsteinte,
  halbierte Aprikosen
2 Stängel Basilikum
Salz, gem. Pfeffer

1 Zwiebeln abziehen, halbieren und fein würfeln. Suppengrün putzen. Süßkartoffeln schälen. Suppengrün und Süßkartoffeln abspülen, abtropfen lassen und in Würfel schneiden.

2 Das Öl in einem Topf erhitzen. Zwiebelwürfel und Currypaste hinzugeben, 2–3 Minuten unter Rühren andünsten. Das vorbereitete Suppengrün hinzugeben und weitere 3–4 Minuten mitdünsten. Süßkartoffeln, Linsen und Graupen hinzugeben. Brühe und Kokosmilch hinzugießen, unterrühren. Die Zutaten zugedeckt zum Kochen bringen, dann bei schwacher Hitze etwa 20 Minuten köcheln lassen, dabei gelegentlich umrühren.

3 In der Zwischenzeit Wirsing putzen. Den Strunk herausschneiden. Den Wirsing in feine Streifen schneiden. Salzwasser in einem Topf zum Kochen bringen. Die Wirsingstreifen darin kurz blanchieren, dann in ein Sieb geben, mit eiskaltem Wasser abschrecken und abtropfen lassen.

4 Zitronengrasstängel abspülen, trocken tupfen und platt klopfen. Anschließend einen Knoten in die Stängel machen (so lassen sie sich später gut entfernen).

5 Zum Bestreuen Sonnenblumenkerne in einer Pfanne ohne Fett unter Wenden anrösten. Pfanne von der Kochstelle nehmen. Die Sojasauce mit den Sonnenblumenkernen verrühren. Die Sonnenblumenkerne auf einen Teller geben.

6 Wirsing, Zitronengras und Aprikosen in das Curry geben, zugedeckt weitere etwa 10 Minuten köcheln lassen, gelegentlich umrühren.

7 Basilikum abspülen, trocken tupfen und die Blättchen von den Stängeln zupfen. Basilikumblättchen in Streifen schneiden und in das Curry geben. Zitronengras entfernen.

8 Graupencurry vor dem Servieren nochmals mit Salz und Pfeffer abschmecken, mit den würzigen Sonnenblumenkernen bestreut servieren.

Tipps: Muss es nicht vegetarisch sein, geben Sie pikante Fleischbällchen mit in das Curry. Dafür das Brät von 2 frischen Rostbratwürsten verwenden. Die Bratwurstmasse aus den Hüllen drücken, mit 2 Esslöffeln Sojasauce und ½ Teelöffel Sambal Oelek vermischen und kleine Fleischbällchen formen. Die Bällchen zusammen mit Wirsing, Aprikosen und Zitronengras in das Curry geben und darin gar ziehen lassen.

Süßkartoffel-Kürbis-Topf

6 Portionen | Pro Portion: E: **13** g, F: **8** g, Kh: **38** g, kJ: **1172**, kcal: **280**, BE: **3,0**

- 1 kg Kürbis (z. B. Hokkaido)
- 800 g Süßkartoffeln
- 250 g rote Schalotten
- 2 Knoblauchzehen
- 2 grüne Chilischoten

- 2 EL Sesamöl
- 2 EL vegane rote Currypaste
- 2 ½ l vegane Gemüsebrühe
- 4 Kaffir-Limettenblätter
  (erhältlich im Asialaden)

- 1 gestr. TL Salz
- 250 g abgetropfter Tofu
- 4 EL Sojasauce
- 2–3 Stängel Thai-Basilikum
- 2–3 Stängel Koriander

1 Kürbis abspülen, halbieren, evtl. schälen und die Kerne mit einem Löffel herauskratzen. Das Kürbisfleisch in mundgerechte Würfel schneiden. Süßkartoffeln schälen, abspülen, abtropfen lassen und ebenfalls in Würfel schneiden.

2 Schalotten und Knoblauch abziehen. Schalotten halbieren und Knoblauch durch eine Knoblauchpresse drücken. Die Chilischoten halbieren, entstielen, entkernen, abspülen, trocken tupfen und fein schneiden.

3 Das Sesamöl in einem großen Topf erhitzen. Knoblauch und Chili darin andünsten. Die Currypaste hinzugeben und unterrühren. Die Kürbis-, Kartoffelwürfel und Schalottenhälften portionsweise hinzugeben und mitdünsten.

4 Die Gemüsebrühe hinzugießen. Limettenblätter abspülen, trocken tupfen, mit Salz hinzufügen. Den Eintopf zum Kochen bringen, zugedeckt bei schwacher Hitze etwa 20 Minuten köcheln lassen.

5 In der Zwischenzeit den Tofu in Würfel schneiden und in eine Schüssel geben. Sojasauce daraufträufeln. Die Tofuwürfel etwa 10 Minuten marinieren, dabei gelegentlich umrühren.

6 Basilikum und Koriander abspülen und trocken tupfen. Die Blättchen von den Stängeln zupfen. Basilikumblättchen klein schneiden.

7 Vor dem Servieren die Kaffir-Limettenblätter aus dem Eintopf nehmen. Die Tofuwürfel in den Eintopf geben und kurz miterwärmen. Den Süßkartoffel-Kürbis-Topf mit Basilikum und Koriander bestreut servieren.

Schwedischer
Kartoffel-Köttbullar-Topf

4 Portionen | Pro Portion: E: **20** g, F: **32** g, Kh: **37** g, kJ: **2176**, kcal: **523**, BE: **3,0**

1 Zwiebel
700 g mehligkochende Kartoffeln
2 EL Rapsöl
125 g TK-Suppengemüse
125 g TK-Erbsen
1 Lorbeerblatt
1 l Gemüsebrühe

Salz, gem. Pfeffer
ger. Muskatnuss
1 EL gehackter Dill

1 EL Butter oder Margarine
300–350 g feine, ungebrühte
  Bratwürste

200 g Porree (Lauch)

175 g Doppelrahm-Frischkäse

Zum Garnieren:
1 EL gehackter Dill

1 Zwiebel abziehen und fein würfeln. Die Kartoffeln schälen, abspülen, abtropfen lassen und in 1 cm große Würfel schneiden.

2 Das Rapsöl in einem großen Topf erhitzen. Gefrorenes Suppengemüse und Zwiebelwürfel darin unter Wenden anbraten. Kartoffelwürfel, gefrorene Erbsen und Lorbeerblatt hinzugeben, kurz mit andünsten. Gemüsebrühe hinzugießen, zum Kochen bringen, mit Salz, Pfeffer und Muskat würzen. Dill unterrühren. Die Zutaten bei mittlerer Hitze zugedeckt etwa 15 Minuten köcheln lassen.

3 In der Zwischenzeit Butter oder Margarine in einer Pfanne zerlassen. Das Bratwurstbrät aus der Haut drücken, gleich zu kleinen Bällchen formen. Die Fleischbällchen evtl. portionsweise in die Pfanne geben und darin braten, dabei gelegentlich umrühren.

4 Porree putzen, die Stangen längs halbieren, gründlich waschen und abtropfen lassen. Porree in feine Stücke schneiden und zu den Fleischklößchen in die Pfanne geben. Die Zutaten etwa 5 Minuten braten, mit Salz, Pfeffer und Muskat würzen.

5 Das Lorbeerblatt entfernen. Die Kartoffelwürfel in dem Eintopf mit einem Kartoffelstampfer so zerdrücken, dass noch kleine Stückchen erkennbar sind. Anschließend den Frischkäse unterrühren.

6 Den Eintopf mit Salz, Pfeffer und Muskat abschmecken und in tiefen Tellern oder Suppentassen verteilen. Köttbullar-Porree-Mischung mit einem Löffel hineingeben. Den Eintopf mit gehacktem Dill garnieren.

Tipps: Wenn's mal noch viel schneller gehen soll oder muss: Suppengemüse, Erbsen und Zwiebeln andünsten, mit Brühe ablösen, 5 Minuten kochen lassen. Dann 1 Beutel Kartoffelpüreepulver (für 3 Portionen) einrühren, 2 Minuten kochen lassen. Den Frischkäse unterrühren, abschmecken und servieren.

Afrikanischer Eintopf
mit Kochbanane

4 Portionen | Pro Portion: E: **7** g, F: **26** g, Kh: **55** g, kJ: **2048**, kcal: **491**, BE: **4,0**

- 300 g rote Zwiebeln
- 400 g Süßkartoffeln
- 500 g Kochbananen
- 300 g Tomaten
- 2 EL Erdnussöl

- 500 ml heiße, vegane Gemüse-brühe
- 400 ml passierte Tomaten (aus der Dose)
- 450 ml Kokosmilch (aus Dosen)
- Salz

- 1–2 gestr. EL Berbere (afrikanische Gewürzmischung)
- 1 Bio-Limette (unbehandelt, ungewachst)
- 2–3 Stängel Koriander

1 Zwiebeln abziehen und grob würfeln. Die Süßkartoffeln schälen, abspülen, abtropfen lassen und ebenfalls in grobe Würfel schneiden. Kochbananen schälen und in etwa 1 cm dicke Scheiben schneiden. Tomaten abspülen, abtropfen lassen, halbieren und die Stängelansätze herausschneiden. Tomatenhälften grob würfeln.

2 Das Öl in einem Topf erhitzen. Zwiebelwürfel darin andünsten. Süßkartoffelwürfel hinzugeben und 2–3 Minuten mitdünsten. Bananenscheiben und Tomatenwürfel hinzugeben, kurz mitdünsten.

3 Gemüsebrühe, passierte Tomaten und Kokosmilch hinzugießen, mit Salz und Berbere würzen. Den Eintopf zum Kochen bringen und zugedeckt bei schwacher Hitze etwa 25 Minuten köcheln lassen, dabei gelegentlich umrühren.

4 In der Zwischenzeit die Limette heiß abwaschen, abtrocknen und die Schale abreiben. Limette halbieren und den Saft auspressen. Koriander abspülen, trocken tupfen und evtl. die Blättchen von den Stängeln zupfen.

5 Den afrikanischen Eintopf mit Salz, Limettenschale und -saft abschmecken. Zum Servieren den Eintopf mit Koriander garnieren.

Tipps: Berbere ist eine äthiopische, scharfe Gewürzmischung, die aus Chili, Ingwer, Knoblauch, Piment, Gewürznelke und Koriander hergestellt wird. Variiert wird je nach Vorliebe mit Kurkuma, Kardamom, Paprika usw. Sie bekommen das Gewürz in gut sortierten Feinkostgeschäften und über das Internet. Dosieren Sie es zunächst vorsichtig, damit der Eintopf nicht zu scharf wird.

Pasta e Fagioli

6 Portionen I Pro Portion: E: **28** g, F: **22** g, Kh: **44** g, kJ: **2012**, kcal: **480**, BE: **3,5**

200 g getrocknete, weiße Bohnen
1 ½ l kaltes Wasser

2 rote Zwiebeln
2 Knoblauchzehen
1 kg Schweinerippchen
Salz, gem. Pfeffer
2 EL Olivenöl

2 l Fleischbrühe
1 l Bohnen-Einweichwasser
1 Stängel Rosmarin

2 ½ l Wasser
2 ½ gestr. TL Salz
250 g kleine Nudeln
   (z. B. Muscheln)

Zum Beträufeln und Bestreuen:
6 EL Olivenöl
einige vorbereitete Rosmarinnadeln
grober schwarzer Pfeffer

1 Bohnen in ein Sieb geben, unter fließendem kalten Wasser abspülen und abtropfen lassen. Die Bohnen in etwa 1 ½ Liter kaltem Wasser über Nacht einweichen (mindestens 12 Stunden).

2 Zwiebeln und Knoblauch abziehen. Die Zwiebeln in kleine Würfel, den Knoblauch in Scheiben schneiden. Schweinerippchen mit Küchenpapier abtupfen. Die Rippchen kräftig mit Salz und Pfeffer würzen. Die Bohnen in einem Sieb abtropfen lassen, das Einweichwasser auffangen und 1 l davon abmessen.

3 Das Olivenöl in einem großen Topf erhitzen. Zwiebeln und Knoblauch darin andünsten. Schweinerippchen und die Bohnen hinzugeben. Brühe und abgemessenes Einweichwasser hinzugießen. Rosmarin abspülen, trocken tupfen und hinzugeben. Die Zutaten zum Kochen bringen und zugedeckt etwa 1 Stunde bei schwacher Hitze köcheln lassen, gelegentlich umrühren.

4 In der Zwischenzeit Wasser zugedeckt in einem großen Topf zum Kochen bringen. Dann Salz und Nudeln hinzugeben. Nudeln im geöffneten Topf bei mittlerer Hitze nach Packungsanleitung kochen lassen, dabei gelegentlich umrühren.

5 Anschließend die Nudeln in ein Sieb geben, mit heißem Wasser abspülen und abtropfen lassen.

6 Die Schweinerippchen aus dem Eintopf nehmen, das Fleisch von den Knochen lösen und in Stücke schneiden.

7 Zum Servieren Nudeln in den Eintopf geben. Den Eintopf mit Salz und Pfeffer abschmecken, mit dem Fleisch in tiefen Tellern anrichten. Jeweils 1 Esslöffel Olivenöl daraufträufeln, mit Rosmarin, Pfeffer und wenig Salz bestreuen.

Tipp: Servieren Sie dazu geröstetes Knoblauchbrot.

Italienischer
Bohnen-Gemüse-Topf

4 Portionen | Pro Portion: E: **18** g, F: **7** g, Kh: **33** g, kJ: **1134**, kcal: **271**, BE: **2,5**

250 g getrocknete, weiße Bohnen
1 ½ l Wasser

2 Zwiebeln
3 Knoblauchzehen
2 EL Olivenöl
1 Lorbeerblatt
je ½ TL getrockneter, gerebelter
  Oregano und gerebeltes
  Basilikum

1 Bund Suppengrün
  (Möhre, Sellerie, Porree)
150 g grüne Bohnen
300 g Staudensellerie
150 g Zucchini
200 g Tomaten
2–3 vegane Gemüsebrühwürfel
  (für je 500 ml Flüssigkeit) oder
  2 geh. TL Gemüsebrühenpulver

1 EL Tomatenmark
Salz, gem. Pfeffer
Cayennepfeffer

2 EL gehackte Kräuter
  (z. B. Basilikum, Thymian,
  Oregano, Rosmarin) oder
  Kräuter der Provence

1 Bohnen in ein Sieb geben, unter fließendem kalten Wasser abspülen und abtropfen lassen. Die Bohnen in etwa 1½ Liter kaltem Wasser über Nacht einweichen (mindestens 12 Stunden).

2 Die Bohnen mit dem Einweichwasser zugedeckt in einem großen Topf zum Kochen bringen.

3 Zwiebeln und Knoblauch abziehen, fein würfeln. Zwiebel- und Knoblauchwürfel mit Olivenöl, Lorbeerblatt und Kräutern zu den Bohnen geben, unterrühren. Die Bohnen zugedeckt bei mittlerer Hitze in etwa 55 Minuten fast gar kochen, dabei gelegentlich umrühren.

4 Inzwischen Suppengrün putzen, abspülen, abtropfen lassen und klein schneiden. Von den Bohnen die Enden abschneiden. Die Bohnen evtl.

abfädeln, abspülen, abtropfen lassen und in Stücke schneiden.

5 Staudensellerie putzen. Die Stangen abspülen und abtropfen lassen. Zucchini abspülen, abtrocknen und die Enden abschneiden. Zucchini halbieren oder vierteln. Sellerie und Zucchini in Scheiben schneiden.

6 Tomaten kreuzweise einschneiden und mit kochendem Wasser übergießen. Nach 1–2 Minuten herausnehmen und mit kaltem Wasser abschrecken. Tomaten enthäuten, halbieren und die Stängelansätze herausschneiden. Tomaten in Stücke schneiden.

7 Grüne Bohnen, Möhren, Knollensellerie und Brühe zu den weißen Bohnen in den Topf geben. Die Zutaten zum Kochen bringen und zugedeckt weitere etwa 12 Minuten kochen lassen.

8 Anschließend Porree, Staudensellerie und Zucchini in den Eintopf geben und unterrühren. Den Eintopf zugedeckt weitere etwa 5 Minuten garen. Zuletzt Tomatenstücke und Tomatenmark unterrühren, 2–3 Minuten mitgaren.

9 Den Eintopf mit Salz, Pfeffer und Cayennepfeffer abschmecken, mit den Kräutern bestreut servieren.

Tipps: Getrockneten, gerebelten Oregano und gerebeltes Basilikum können Sie durch 1 Teelöffel getrocknete italienische Kräuter ersetzen. Servieren Sie dazu frisches Weißbrot oder Baguette.

Kichererbsen-Hähnchen-Eintopf

6 Portionen | Pro Portion: E: **35** g, F: **49** g, Kh: **18** g, kJ: **2740**, kcal: **656**, BE: **1,5**

1 küchenfertiges Suppenhuhn
  (etwa 1 ¼ kg)
2 gestr. EL Salz
1 Bund Suppengrün
  (Möhre, Sellerie, Porree)

1 rote Zwiebel
1 Knoblauchzehe
300 g Möhren
2 EL Butter oder Margarine
440 g abgetropfte, abgespülte
  Kichererbsen (aus der Dose)

200 g Schlagsahne
4 EL Zitronensaft
1 Msp. Cayennepfeffer

125 g Babyspinat

1 Das Suppenhuhn innen und außen mit Küchenpapier abtupfen, in einen großen Topf geben. So viel kaltes Wasser hinzugeben, dass das Huhn bedeckt ist. Das Ganze zugedeckt zum Kochen bringen. Den entstehenden Schaum mit einem Schaumlöffel abschöpfen. Salz in den Topf geben. Das Huhn etwa 30 Minuten bei mittlerer Hitze köcheln lassen, wenn nötig, etwas Wasser nachgießen.

2 Das Suppengrün putzen, schälen, abspülen, abtropfen lassen und grob zerschneiden. Das Suppengrün zu dem Huhn in den Topf geben. Die Zutaten bei mittlerer bis schwacher Hitze weitere etwa 30 Minuten köcheln lassen.

3 In der Zwischenzeit die Zwiebel abziehen, halbieren und in feine Streifen schneiden. Knoblauch abziehen und durch eine Knoblauchpresse drücken. Möhren putzen, schälen, abspülen und abtropfen lassen. Möhren in Scheiben schneiden.

4 Das Suppenhuhn aus der Brühe nehmen. Die Brühe durch ein feines Sieb gießen, dabei die Brühe auffangen und 1 Liter davon abmessen.

5 Das gekochte Huhn enthäuten, das Fleisch von den Knochen lösen und klein schneiden.

6 Butter oder Margarine in einem großen Topf zerlassen. Möhrenscheiben hinzugeben und etwa 5 Minuten unter gelegentlichem Rühren andünsten. Kichererbsen hinzugeben. Die abgemessene Brühe und Schlagsahne hinzugießen. Zwiebelstreifen und Knoblauch unterrühren.

7 Den Eintopf kurz aufkochen, mit Salz, Zitronensaft und Cayennepfeffer abschmecken. Das Hühnchenfleisch in den Eintopf geben, etwa 5 Minuten miterhitzen.

8 In der Zwischenzeit Spinat verlesen, gründlich abspülen, gut abtropfen lassen oder trocken schleudern. Große Blätter evtl. halbieren.

9 Zum Servieren die Spinatblätter in den Eintopf geben und unterrühren.

Orientalischer Lammeintopf

4–6 Portionen | Pro Portion: E: **48** g, F: **26** g, Kh: **23** g, kJ: **2156**, kcal: **515**, BE: **2,0**

- 1 kg mageres Lammfleisch
- Salz
- gem. Pfeffer
- 4–5 EL Olivenöl
- 6 Knoblauchzehen

- 1 TL gem. Ingwer
- 1 Msp. gem. Safran
- 1 l Wasser
- 300 g Möhren

- 530 g abgespülte, abgetropfte Kichererbsen (aus der Dose)
- 1 Bund glatte Petersilie
- 1 TL gem. Kreuzkümmel (Cumin)

1 Das Lammfleisch mit Küchenpapier abtupfen, in grobe Würfel schneiden, mit Salz und Pfeffer kräftig würzen.

2 Olivenöl in einem Bräter oder Schmortopf erhitzen. Die Lammfleischwürfel darin von allen Seiten anbraten. Knoblauch abziehen, durch eine Knoblauchpresse hinzudrücken. Ingwer unterrühren und kurz mitdünsten. Safran hinzugeben.

3 Das Wasser hinzugießen. Die Zutaten zum Kochen bringen und anschließend zugedeckt etwa 1 Stunde bei mittlerer Hitze garen, dabei gelegentlich umrühren.

4 Die Möhren putzen, schälen, abspülen, abtropfen lassen und in kichererbsengroße Würfel schneiden. Die Kichererbsen und Möhrenstückchen zu den Lammfleischwürfeln in den Topf geben und unterrühren. Den Eintopf wieder zum Kochen bringen und zugedeckt weitere etwa 30 Minuten garen.

5 Die Petersilie abspülen, trocken tupfen und die Blättchen von den Stängeln zupfen. Anschließend Blättchen klein schneiden.

6 Den orientalischen Eintopf mit Kreuzkümmel, Salz und Pfeffer abschmecken. Die Petersilie unterrühren und den Eintopf servieren.

Tipps: Statt des Lammfleisches können Sie auch 1 kg Hähnchenbrust- oder Putenbrustfilet verwenden. Die Garzeit beträgt dann nur etwa 20 Minuten. Möchten Sie keine Kichererbsen aus der Dose verwenden, können Sie auch getrocknete Kichererbsen nehmen. Diese nach Packungsanleitung einweichen und verarbeiten.

Mexiko-Eintopf

4 Portionen | Pro Portion: E: **32** g, F: **11** g, Kh: **33** g, kJ: **1531**, kcal: **366**, BE: **2,0**

2 Zwiebeln
1 Knoblauchzehe
1 Stange Porree (Lauch)
2 rote Paprikaschoten
1 kleine, rote Chilischote

300 g Rindertatar
1 Ei (Größe M)

2 EL Haferflocken
Salz, gem. Pfeffer
1 TL mittelscharfer Senf

2 EL Speiseöl

300 ml heiße Gemüsebrühe

800 g geschälte Tomaten
  (aus der Dose)
400 g kleine Zucchini
250 g abgespülte, abgetropfte
  Kidneybohnen (aus der Dose)
140 g abgespülter, abgetropfter
  Gemüsemais (aus der Dose)

1 Zwiebeln und Knoblauch abziehen und grob zerschneiden. Porree putzen, die Stange längs halbieren, gründlich waschen, abtropfen lassen und in Streifen schneiden.

2 Paprikaschoten halbieren, entstielen, entkernen und die weißen Scheidewände entfernen. Schotenhälften abspülen, abtropfen lassen und in grobe Stücke schneiden. Die Chilischote halbieren, entstielen und entkernen. Schotenhälften abspülen, trocken tupfen und grob hacken.

3 Das Tatar in eine Rührschüssel geben. Ei und Haferflocken hinzugeben, mit Salz, Pfeffer und Senf würzen. Das Ganze mit einem Mixer (Knethaken) gut durcharbeiten. Aus der Fleischmasse mit angefeuchteten Händen kleine Klößchen formen.

4 Speiseöl in einem Topf erhitzen. Die Klößchen darin von allen Seiten braun anbraten. Dann herausnehmen und beiseitestellen.

5 Zwiebel-, Knoblauch-, Chili- und Paprikastücke und Porreestreifen evtl. in 2 Portionen in dem verbliebenen Bratfett andünsten. Brühe hinzugießen, unterrühren, zum Kochen bringen und zugedeckt etwa 10 Minuten bei schwacher Hitze köcheln lassen.

6 Tomaten mit dem Saft hinzugeben und unter Rühren aufkochen lassen, mit Salz und etwas Pfeffer abschmecken. Die Zutaten mit einem Pürierstab pürieren.

7 Zucchini abspülen, abtrocknen und die Enden abschneiden. Zucchini evtl. der Länge nach halbieren und in Scheiben schneiden. Bohnen und Mais mit den Zucchinischeiben in den Topf geben. Den Eintopf weitere 5–10 Minuten bei schwacher Hitze köcheln lassen.

8 Die beiseitegestellten Hackklößchen hinzugeben und etwa 5 Minuten miterhitzen. Zum Servieren den Eintopf nochmals mit Salz und Pfeffer abschmecken.

Tipps: Zu diesem kräftigen Eintopf schmeckt leicht getoastetes herzhaftes Mischbrot oder reichen Sie einfach knusprige Taco-Chips dazu.

Tortellini-Eintopf
mit „Arme-Leute-Parmesan"

4 Portionen | Pro Portion: E: **14** g, F: **14** g, Kh: **48** g, kJ: **1594**, kcal: **380**, BE: **3,5**

- 2 mittelgroße Zwiebeln
- 2 Knoblauchzehen
- 1 Bund Suppengrün
  (Möhre, Sellerie, Porree)
- 1 kleine Zucchini
- 4 Tomaten
- 2 EL Olivenöl

- 1 TL Tomatenmark
- Salz
- 1 l heiße Gemüsebrühe
- 200 g Zuckerschoten
- 250 g Tortellini (mit vegetarischer
  Füllung, aus dem Kühlregal)
- 1 Bund Petersilie

- 1 Msp. Cayennepfeffer

**Für den „Arme-Leute-
  Parmesan":**
- 100 g Weißbrotreste oder
  grobe Semmelbrösel
- 1 EL Olivenöl

1 Zwiebeln abziehen und fein würfeln. Knoblauch abziehen und durch eine Knoblauchpresse drücken oder sehr fein würfeln. Suppengrün putzen, abspülen, abtropfen lassen und in kleine Stücke schneiden. Zucchini abspülen, trocken tupfen, die Enden abschneiden, der Länge nach halbieren und in dünne Scheiben schneiden.

2 Tomaten kreuzweise einschneiden und mit kochendem Wasser übergießen. Nach 1–2 Minuten herausnehmen und mit kaltem Wasser abschrecken. Tomaten enthäuten, halbieren und die Stängelansätze herausschneiden. Die Tomaten entkernen und das Fruchtfleisch fein würfeln.

3 Das Öl in einem Topf erhitzen. Tomatenmark, Zwiebeln und Knoblauch darin kurz andünsten. Suppengrün hinzugeben und alles unter Rühren mitdünsten, mit Salz würzen. Die Zucchini, Tomaten und Brühe unterrühren.

4 Die Zutaten zum Kochen bringen und zugedeckt bei mittlerer Hitze etwa 20 Minuten köcheln lassen, dabei gelegentlich umrühren.

5 In der Zwischenzeit die Zuckerschoten putzen, die Enden abschneiden. Zuckerschoten evtl. abfädeln, abspülen und abtropfen lassen.

6 Die Zuckerschoten und Tortellini in den Topf geben. Den Eintopf einmal kurz aufkochen. Zuckerschoten und Tortellini darin bei schwacher Hitze in 5–10 Minuten gar ziehen lassen.

7 In der Zwischenzeit Petersilie abspülen, trocken tupfen und die Blättchen von den Stängeln zupfen. Blättchen sehr fein schneiden.

8 Für den „Arme-Leute-Parmesan" Weißbrotreste sehr grob reiben. Eine Pfanne ohne Fett erwärmen. Die Weißbrot- oder Semmelbrösel hineingeben, mit Öl beträufeln und die Mischung bei mittlerer

Hitze unter ständigem Rühren goldbraun rösten. Brösel-Öl-Mischung auf einen Teller geben.

9 Den Tortellini-Eintopf mit Salz und Cayennepfeffer abschmecken, mit Petersilie bestreuen und dazu „Arme-Leute-Parmesan" servieren.

Tipps: Statt „Arme-Leute-Parmesan" schmeckt natürlich frisch geriebener Parmesan zu dem Tortellini-Eintopf. Oder pro Portion 2–3 Mini-Mozzarella-Kugeln mit in den Suppenteller geben. Garnieren Sie dann den Eintopf mit einigen vorbereiteten Basilikumblättchen. Den „Arme-Leute-Parmesan" können Sie auch auf Vorrat zubereiten und in dicht schließenden Gefäßen, z. B. Schraubgläsern, trocken gestellt aufbewahren.

Tagine (Tajine)

6–8 Portionen | Pro Portion: E: **62** g, F: **24** g, Kh: **28** g, kJ: **2421**, kcal: **578**, BE: **2,0**

1 kg Lammkeule (ohne Knochen)
800 g Hähnchenfleisch (ohne
   Knochen, z. B. von der Keule)
2 Bund Möhren
8 große Tomaten
2 Zwiebeln
2 Knoblauchzehen
2–3 EL Speiseöl

Salz
2 TL Paprikapulver rosenscharf
1 Msp. gem. Safran
1 ½ l Hühnerbrühe
1 Gewürzbeutel (10 Pfefferkörner,
   2 Gewürznelken, 1 Zimtstange,
   1 TL Fenchelsamen)

8 abgespülte, abgetropfte Artischockenböden (aus dem Glas)
600 g abgespülte, abgetropfte
   Kichererbsen (aus Dosen)
2–3 Stängel Minze

1 Lammkeule und Hähn-
chenfleisch mit Küchen-
papier abtupfen und in mundgerechte Würfel schneiden.

2 Möhren putzen, schälen,
abspülen, abtropfen las-
sen und in Würfel schneiden.
Die Tomaten abspülen, abtropfen lassen, halbieren und die
Stängelansätze herausschneiden. Tomatenhälften in grobe
Stücke schneiden. Zwiebeln
und Knoblauch abziehen. Zwiebeln in kleine Würfel schneiden. Knoblauch durch eine
Knoblauchpresse drücken.

3 Speiseöl in einem Topf
erhitzen. Die Fleisch-
stücke mit Salz bestreuen
und in dem Speiseöl von allen
Seiten anbraten. Die Möhren-,
Zwiebelwürfel und den Knoblauch hinzufügen und unterrühren. Paprika und Safran
daraufstäuben.

4 Die Hühnerbrühe hinzugießen. Tomatenwürfel
und Gewürzbeutel hinzugeben.
Die Zutaten zum Kochen bringen und zugedeckt bei mittlerer Hitze etwa 30 Minuten
köcheln lassen, dabei gelegentlich umrühren.

5 Die Artischockenböden
halbieren und mit den
Kichererbsen in den Eintopf
geben. Den Eintopf wieder zum
Kochen bringen und zugedeckt
bei mittlerer Hitze weitere etwa 30 Minuten köcheln lassen,
bis das Lammfleisch weich ist,
dabei gelegentlich umrühren.

6 In der Zwischenzeit die
Minze abspülen und tro-
cken tupfen. Die Blättchen von
den Stängeln zupfen. Minze-
blättchen klein schneiden.

7 Den Gewürzbeutel aus
dem Eintopf nehmen.
Den Eintopf nochmals mit den
Gewürzen abschmecken, zum
Servieren mit Minze bestreuen.

Tipps: Servieren Sie dazu Reis oder Bulgur (nach Packungsanleitung zubereitet). Für
den Gewürzbeutel die Gewürze
in einen Teefilterbeutel geben
und verschließen. So lassen sich
die Gewürze vor dem Servieren
gut aus dem Eintopf entfernen.

Currytopf
mit Kokosmilch

12 Portionen | Pro Portion: E: **28** g, F: **47** g, Kh: **17** g, kJ: **2511**, kcal: **602**, BE: **1,5**

2 mittelgroße Zwiebeln
  (etwa 250 g)
100 g Ingwer
1 ½ kg Schweinegehacktes
Salz
gem. Pfeffer

2–4 TL Currypulver
8 EL Speiseöl
2 Äpfel (etwa 400 g)
400 g Möhren
300 g TK-Erbsen
6 TL rote Currypaste

500 ml Geflügelfond
800 ml ungesüßte Kokosmilch
80 g Rosinen
2 EL Limetten- oder Zitronensaft

1 Zwiebeln abziehen und in Würfel schneiden. Ingwer schälen und fein würfeln.

2 Das Gehackte mit Salz, Pfeffer und Curry würzen. Öl in einem großen Topf erhitzen. Das Gehackte darin portionsweise unter Rühren anbraten. Dabei die Fleischklümpchen mit einer Gabel zerdrücken. Die Zwiebel- und Ingwerwürfel hinzugeben und unter Rühren mit anbraten.

3 Die Äpfel schälen, vierteln, entkernen und in kleine Würfel schneiden. Möhren putzen, schälen, abspülen, abtropfen lassen und in Stifte schneiden. Apfelwürfel und Möhrenstifte zu dem Gehackten in den Topf geben und kurz mit anbraten.

4 Die gefrorenen Erbsen hinzugeben. Die Currypaste unterrühren. Geflügelfond und Kokosmilch hinzugießen. Rosinen unterrühren. Die Zutaten zum Kochen bringen. Den Currytopf zugedeckt 15–20 Minuten bei mittlerer Hitze köcheln lassen, dabei gelegentlich umrühren.

5 Den Currytopf mit Limetten- oder Zitronensaft und evtl. etwas Salz und Pfeffer abschmecken.

Tipps: Den Currytopf mit vorbereitetem Koriander verfeinern und mit abgespülten, trocken getupften Korianderblättchen garnieren. Zum Currytopf nach Belieben zusätzlich Basmati-Reis reichen.

Barbecue-Tofu-Eintopf

4–6 Portionen | Pro Portion: E: **20** g, F: **23** g, Kh: **39** g, kJ: **1879**, kcal: **449**, BE: **3,0**

- 400 g festkochende Kartoffeln
- 2 rote Zwiebeln
- 125 g Cocktailtomaten
- 1 kleine Zucchini
- 500 g Hokkaido-Kürbis
- 1 gestr. TL Hickory-Rauchsalz
- 1 Msp. gem. Pfeffer
- 4 EL Olivenöl

- 2 Knoblauchzehen
- 2 EL Olivenöl
- 2 EL Tomatenmark
- 2 EL brauner Zucker
- 250 g geräucherter Tofu
- 2 EL Weizenmehl
- 800 ml Gemüsebrühe
- 100 g Tomatenketchup

- Salz
- 1 Msp. Cayennepfeffer
- 140 g abgetropfter Gemüsemais
  (aus der Dose)
- 2–3 TL Worcestersauce
- 1 Bund Schnittlauch
- 150 g Ziegenfrischkäse

1 Kartoffeln schälen, abspülen, abtropfen lassen und in Spalten schneiden. Die Zwiebeln abziehen, halbieren und in Spalten schneiden. Tomaten abspülen, abtropfen lassen, halbieren, dabei evtl. die Stängelansätze entfernen.

2 Die Zucchini abspülen, abtropfen lassen und die Enden abschneiden. Zucchini längs halbieren und in etwa 1 cm dicke Scheiben schneiden. Kürbis abspülen, trocken tupfen, halbieren und die Kerne mit einem Löffel herausschaben. Kürbis in mundgerechte Stücke schneiden.

3 Kartoffel- und Zwiebelspalten, Tomatenhälften, Zucchinischeiben und Kürbisstücke in einer großen Schüssel mit Rauchsalz, Pfeffer und Olivenöl vermischen.

4 Den Backofen vorheizen. Ober-/Unterhitze: etwa 180 °C, Heißluft: etwa 160 °C.

5 Das vorbereitete Gemüse auf einem Backblech (mit Backpapier belegt) verteilen, dabei die Schnittflächen der Tomatenhälften nach unten legen.

6 Das Backblech in den vorgeheizten Backofen schieben. Das Gemüse **etwa 45 Minuten garen.**

7 Inzwischen den Knoblauch abziehen und fein würfeln. Öl mit Tomatenmark, Zucker und Knoblauch in einem großen Topf (das Gemüse aus dem Backofen soll auch noch mit hineinpassen) erhitzen.

8 Tofu zerbröseln und in dem Topf mit anbraten. Mehl daraufstäuben und gut unterrühren. Nach und nach Gemüsebrühe und Ketchup hinzugießen und unterrühren. Die Sauce unter Rühren aufkochen lassen. Sauce zugedeckt bei schwacher Hitze 10–15 Minuten köcheln lassen, dabei gelegentlich umrühren.

9 Die Sauce mit Salz und Cayennepfeffer abschmecken. Das Gemüse aus dem Backofen nehmen, mit dem Mais in die vorbereitete Sauce geben, vorsichtig unterrühren. Den Eintopf mit ein wenig Rauchsalz und Worcestersauce abschmecken.

10 Zum Servieren Schnittlauch abspülen, trocken tupfen und in feine Röllchen schneiden. Ziegenfrischkäse grob zerbröseln oder kleine Nocken abstechen, die Schnittlauchröllchen daraufstreuen und zum Eintopf reichen.

Tipps: Statt Hokkaido-Kürbis können Sie auch 300 g Süßkartoffeln verwenden. Dafür die Süßkartoffeln schälen, abspülen und würfeln. Servieren Sie zum Barbecue-Eintopf frisches Baguette. Sie können den Eintopf statt mit Ziegenfrischkäse mit grob zerbröselten Tortilla-Chips bestreuen.

Tiroler
Speckknödeleintopf

4 Portionen | Pro Portion: E: **22** g, F: **8** g, Kh: **47** g, kJ: **1492**, kcal: **353**, BE: **3,5**

Für die Speckknödel:
200 g Semmelknödel
   (im Kochbeutel)
Salzwasser
200 g magerer Schinkenspeck

1 EL Speiseöl

400 g Wirsing
250 g Frühlingszwiebeln
750 g Fleischtomaten

1 ½ l Gemüsebrühe
Salz
gem. Pfeffer
ger. Muskatnuss
2–3 kleine Stängel Liebstöckel

1 Für die Speckknödel die Semmelknödel nach Packungsanleitung in Wasser quellen lassen. Anschließend das Salzwasser zum Kochen bringen. Die Semmelknödel darin bei schwacher Hitze die Hälfte der angegebenen Garzeit ziehen lassen. Dann die Semmelknödel aus dem Topf heben. Die Semmelknödelmasse aus den Kochbeuteln lösen und in eine Schüssel geben.

2 Den Schinkenspeck fein würfeln. Das Öl in einer Pfanne erhitzen. Schinkenspeckwürfel darin anbraten, etwas abkühlen lassen und unter die Knödelmasse rühren. Aus der Masse etwa 30 kleine Knödel formen.

3 Vom Wirsing die groben, äußeren Blätter lösen. Wirsing abspülen, abtropfen lassen, halbieren, evtl. vierteln und den Strunk herausschneiden. Wirsing in breite Streifen schneiden und die Streifen quer halbieren. Frühlingszwiebeln putzen, abspülen, abtropfen lassen und in feine Scheiben schneiden.

4 Die Tomaten kreuzweise einschneiden und mit kochendem Wasser übergießen. Nach 1–2 Minuten herausnehmen und mit kaltem Wasser abschrecken. Tomaten enthäuten, halbieren, entkernen und die Stängelansätze herausschneiden. Das Fruchtfleisch in Würfel schneiden.

5 Die Gemüsebrühe in einem großen Topf zum Kochen bringen. Wirsingstreifen, Frühlingszwiebelscheiben und Tomatenwürfel hineingeben. Das Ganze zum Kochen bringen und bei mittlerer Hitze zugedeckt etwa 10 Minuten köcheln lassen, dabei gelegentlich umrühren. Den Eintopf mit Salz, Pfeffer und Muskat abschmecken.

6 Liebstöckel abspülen, trocken tupfen, die Blätter von den Stängeln zupfen und ganz fein schneiden. Liebstöckel in den Eintopf geben und unterrühren. Die Speckknödel in den Eintopf geben und bei mittlerer Hitze in etwa 10 Minuten gar ziehen lassen.

Tipps: Essen Vegetarier mit, dann können Sie die Knödel statt mit Schinkenspeck mit 50 g Röstzwiebeln (Fertigprodukt) zubereiten. Zwiebeln müssen dann nicht extra angebraten werden.

Indischer Dal

4 Portionen | Pro Portion: E: **45** g, F: **16** g, Kh: **70** g, kJ: **2620**, kcal: **622**, BE: **5,5**

- 400 g Toor Dal (gelbe Linsen, Straucherbsen)
- 50 g Ingwer
- 1 EL gem. Kurkuma (Gelbwurz)
- 2 l Hühnerbrühe
- Salz

- 1 mittelgroße Zucchini
- 2 große Tomaten
- 200 g Hähnchenbrustfilet
- 1 Bio-Limette (unbehandelt, ungewachst)
- 2 grüne Chilischoten

- 2–3 Stängel Koriander oder glatte Petersilie
- 100 g geröstete Cashewkerne
- 100 g Joghurt (3,5 % Fett)

1 Die Hülsenfrüchte in ein Sieb geben, unter fließendem kalten Wasser abspülen und abtropfen lassen. Ingwer schälen und fein reiben oder würfeln. Die Hülsenfrüchte mit Ingwer, Kurkuma und Hühnerbrühe in einem Topf zum Kochen bringen, zugedeckt etwa 30 Minuten bei schwacher Hitze köcheln lassen, dabei gelegentlich umrühren.

2 In der Zwischenzeit die Zucchini abspülen, abtrocknen und die Enden abschneiden. Die Zucchini in etwa 1 cm große Würfel schneiden. Tomaten abspülen, trocken tupfen, vierteln, entkernen und dabei die Stängelansätze entfernen. Tomaten in etwa 1 cm große Würfel schneiden.

3 Das Hähnchenbrustfilet mit Küchenpapier abtupfen und in Streifen schneiden. Limette heiß abwaschen, abtrocknen und die Schale abreiben. Limette halbieren und den Saft auspressen.

4 Chilischoten entstielen, abspülen, trocken tupfen und dann in feine Ringe schneiden. Koriander oder Petersilie abspülen, trocken tupfen und die Blättchen von den Stängeln zupfen.

5 Die Hähnchenbrustfiletstreifen, Zucchini- und Tomatenwürfel mit in den Topf geben, vorsichtig unterrühren und in etwa 10 Minuten bei schwacher Hitze darin gar ziehen lassen.

6 Dal mit Salz, Limettenschale und -saft abschmecken, mit Cashewkernen, Koriander oder Petersilie und Chiliringen bestreut servieren. Jeweils einen Klecks Joghurt auf den Eintopf geben.

Tipps: Möchten Sie den Eintopf vegetarisch zubereiten, ersetzen Sie das Hähnchenbrustfilet durch die gleiche Menge gewürfelten Tofu, den Sie unter Punkt 5 mit in den Topf geben.

Galizischer Gemüsetopf
mit Sobrasada

4 Portionen | Pro Portion: E: **17** g, F: **21** g, Kh: **51** g, kJ: **1947**, kcal: **464**, BE: **4,0**

- 2 rote Zwiebeln
- 2 Knoblauchzehen
- 250 g mehligkochende Kartoffeln
- 1 rote Paprikaschote
- 1 gelbe Paprikaschote
- 2 große Tomaten

- 300 g Weißkohl
- 3 EL Olivenöl
- 240 g abgespülte, abgetropfte weiße Bohnen (aus der Dose)
- 1 ½ l heiße Gemüsebrühe
- Salz

- gem. Pfeffer
- 1 Bund Petersilie
- 100 g TK-Erbsen
- 4 Scheiben Bauernbrot
- 120 g Sobrasada (mallorquinische Paprika-Streichwurst)

1 Zwiebeln abziehen und fein würfeln. Knoblauch abziehen und durch eine Knoblauchpresse drücken. Kartoffeln schälen, abspülen, abtropfen lassen und in etwa 1 cm große Würfel schneiden.

2 Paprikaschoten halbieren, entstielen, entkernen und die weißen Scheidewände entfernen. Die Paprikahälften abspülen, abtropfen lassen und in Streifen schneiden. Die Tomaten abspülen, abtrocknen, halbieren und dabei die Stängelansätze herausschneiden. Tomaten in Stücke schneiden.

3 Vom Weißkohl die äußeren Blätter entfernen. Weißkohl halbieren oder vierteln, den Strunk entfernen. Weißkohl in Streifen schneiden.

4 Das Öl in einem großen Topf erhitzen. Zwiebeln, Knoblauch und Kartoffeln hinzugeben und unter Rühren andünsten. Paprika-, Kohlstreifen und Bohnen hinzugeben, unterrühren und ebenfalls kurz mit andünsten.

5 Die Gemüsebrühe hinzugießen, mit Salz und Pfeffer würzen und die Zutaten zum Kochen bringen. Den Eintopf zugedeckt bei mittlerer Hitze etwa 20 Minuten köcheln lassen, dabei gelegentlich umrühren.

6 In der Zwischenzeit die Petersilie abspülen, trocken tupfen und die Blättchen von den Stängeln zupfen. Petersilienblättchen sehr fein schneiden.

7 Die gefrorenen Erbsen in den Topf geben und unterrühren.

8 Zum Servieren die Brotscheiben evtl. im Toaster leicht rösten, dick mit Sobrasada bestreichen und halbieren. Den Gemüseeintopf nochmals mit Salz und Pfeffer abschmecken, mit Petersilie bestreut servieren.

Tipps: Möchten Sie auch die Brote vegetarisch servieren, dann bestreichen Sie diese mit einem Paprika-Aufstrich, z. B. Ajvar oder einer Gemüse-Würz-Paste. Sobrasada erhalten Sie in gut sortierten Feinkostgeschäften oder Sie bestellen die Wurst im Internet.

Leicht & lecker

Eintöpfe schmecken immer gleich? Wer das sagt, hatte noch nie ein Grünkohlcurry, einen Fischeintopf oder einen veganen Tofueintopf auf dem Teller. Mit und ohne Fleisch gibt es viele gesunde Ideen für leichten Genuss zum Auslöffeln. Ausprobieren!

Grünkohl-Currytopf

4 Portionen | Pro Portion: E: **14** g, F: **25** g, Kh: **28** g, kJ: **1648**, kcal: **396**, BE: **2,0**

2 Zwiebeln
1 rote Chilischote
2 EL Sonnenblumenöl
1 EL vegane gelbe oder grüne
  Currypaste
600 g TK-Grünkohl

Salz
gem. Pfeffer
400 ml Kokosmilch
400 ml vegane Gemüsebrühe
2 Möhren
200 g Süßkartoffeln

30 g Ingwer oder Galgant

200 ml Wasser
50 g rote Linsen
1 Prise Zucker

1 Zwiebeln abziehen und in Scheiben schneiden. Chilischote entstielen, entkernen, abspülen, abtropfen lassen und in feine Ringe schneiden.

2 Das Öl in einem großen Topf erhitzen. Currypaste, Zwiebeln und Chili hinzugeben und kurz unter Rühren andünsten. Den Grünkohl hinzugeben, unterrühren und etwa 5 Minuten mitdünsten, mit Salz und Pfeffer würzen.

3 Kokosmilch und Gemüsebrühe in den Topf gießen. Die Zutaten zum Kochen bringen und zugedeckt bei schwacher Hitze etwa 15 Minuten köcheln lassen, dabei gelegentlich umrühren.

4 In der Zwischenzeit die Möhren putzen. Süßkartoffeln und Möhren schälen, abspülen, abtropfen lassen und in Würfel schneiden. Ingwer oder Galgant schälen, fein reiben oder in sehr feine Würfel schneiden.

5 Süßkartoffeln, Möhren und Ingwer oder Galgant in den Eintopf geben. Den Eintopf wieder zugedeckt zum Kochen bringen, bei mittlerer Hitze weitere etwa 45 Minuten köcheln lassen, dabei gelegentlich umrühren.

6 In der Zwischenzeit das Wasser zugedeckt in einem Topf zum Kochen bringen. Die Linsen hinzugeben und etwa 8 Minuten bei schwacher Hitze köcheln lassen. Die Linsen in ein Sieb geben und abtropfen lassen.

7 Die Linsen in den Eintopf geben und unterrühren. Das Grünkohlcurry mit Salz, Pfeffer und Zucker abschmecken und servieren.

Tipps: Wenn der Eintopf nicht vegan sein muss, dann schmecken Garnelen sehr gut in diesem Currytopf (siehe im Bild oben). Dazu küchenfertig vorbereitete Garnelen in dem Curry gar ziehen lassen. Statt Currypaste können Sie auch 2–3 Teelöffel Currypulver verwenden.

VEGAN
Ajvar-Zucchini-Topf

4 Portionen | Pro Portion: E: **8** g, F: **13** g, Kh: **12** g, kJ: **816**, kcal: **196**, BE: **0,5**

2 rote Zwiebeln
2 Knoblauchzehen
500 g schmale, gelbe Zucchini
750 g schmale, grüne Zucchini
4 EL Olivenöl

Salz
gem. Pfeffer
150 g mildes Ajvar (Paprikamus,
    aus dem Glas)

1 ¼–1 ½ l vegane Gemüsebrühe
1 Bund glatte Petersilie

1 Zwiebeln und Knoblauch abziehen. Die Zwiebeln in Würfel schneiden. Den Knoblauch in dünne Scheiben schneiden.

2 Die Zucchini abspülen, abtrocknen und die Enden abschneiden. Zucchini in etwa ½ cm breite Scheiben schneiden.

3 Das Olivenöl in einem Topf erhitzen. Zwiebelwürfel und Knoblauchscheiben darin andünsten. Zucchinischeiben hinzugeben und portionsweise andünsten, mit Salz und Pfeffer würzen.

4 Ajvar unterrühren und Gemüsebrühe hinzugießen. Den Eintopf zum Kochen bringen und zugedeckt bei schwacher Hitze 15–20 Minuten köcheln lassen, dabei gelegentlich umrühren.

5 Anschließend den Eintopf nochmals mit Salz und Pfeffer abschmecken.

6 Petersilie abspülen und trocken tupfen. Die Blättchen von den Stängeln zupfen und in Streifen schneiden. Den Eintopf zum Servieren mit Petersilienstreifen bestreuen.

Tipps: Servieren Sie zu diesem leichten Eintopf geröstetes Fladenbrot. Haben Sie Reste von gekochten Nudeln, Reis oder Kartoffeln vom Vortag, können Sie diese etwa 5 Minuten vor Ende der Garzeit mit in den Eintopf geben.

Kürbiseintopf
mit roten Linsen

4 Portionen | Pro Portion: E: **18** g, F: **22** g, Kh: **34** g, kJ: **1718**, kcal: **411**, BE: **2,5**

- 3 Zwiebeln
- 2 Knoblauchzehen
- 500 g Kürbis (z. B. Hokkaido)
- 200 g Staudensellerie

- 450 g mehligkochende Kartoffeln
- 4 EL Kürbiskernöl
- Salz
- gem. Pfeffer

- 1 l Gemüsebrühe
- 100 g rote Linsen
- etwa 4 Stängel Zitronenthymian
- 4 Wiener Würstchen (200 g)

1 Zwiebeln und Knoblauch abziehen, halbieren und in kleine Würfel schneiden. Kürbis abspülen, evtl. schälen, halbieren und die Kerne mit einem Löffel herauskratzen. Kürbisfruchtfleisch in Stücke schneiden.

2 Den Staudensellerie putzen. Die Selleriestangen abspülen, abtropfen lassen und in 1 cm breite Stücke schneiden. Kartoffeln schälen, abspülen, abtropfen lassen und würfeln.

3 Zwei Esslöffel des Kürbiskernöls in einem großen Topf erhitzen. Die Zwiebel- und Knoblauchwürfel darin andünsten. Kürbis-, Selleriestücke und Kartoffelwürfel portionsweise hinzugeben und mit andünsten. Gemüse anschließend mit Salz und Pfeffer würzen.

4 Die Brühe hinzugießen. Die Zutaten zum Kochen bringen und zugedeckt bei mittlerer Hitze 20–25 Minuten köcheln lassen.

5 Linsen in ein Sieb geben, mit kaltem Wasser abspülen und abtropfen lassen. Den Zitronenthymian abspülen und trocken tupfen. Die Blättchen von den Stängeln zupfen. Wiener Würstchen in Scheiben schneiden.

6 Linsen, Zitronenthymian und Würstchenscheiben in den Topf geben. Den Eintopf zugedeckt bei mittlerer Hitze weitere etwa 10 Minuten köcheln lassen.

7 Den Eintopf zum Servieren mit Salz und Pfeffer abschmecken, in tiefen Tellern anrichten. Restliches Kürbiskernöl daraufträufeln.

Tipps: Nach Belieben den Eintopf mit Kürbiskernen oder Sonnenblumenkernen bestreuen. Wenn Sie keinen Zitronenthymian bekommen, können Sie ersatzweise auch normalen Thymian und ½ Teelöffel abgeriebene Zitronenschale von einer Bio-Zitrone (unbehandelt, ungewachst) verwenden.

Weiß-grüner Kohltopf
mit Petersilienpesto

6–8 Portionen | Pro Portion: E: **37** g, F: **26** g, Kh: **22** g, kJ: **1995**, kcal: **476**, BE: **1,5**

2 Zwiebeln
2 Knoblauchzehen
2 EL Butter
1 kg Lammgulasch
Salz
gem. Pfeffer

1 ½ l Gemüsebrühe
600 g Spitzkohl
800 g Weißkohl
800 g festkochende Kartoffeln

Für das Pesto:
1 Knoblauchzehe
60 g Pecorino-Käse
1 Bund glatte Petersilie
40 g geröstete Mandeln
4 EL Olivenöl

1 Zwiebeln und Knoblauch abziehen, jeweils in feine Scheiben schneiden. Die Butter in einem großen Topf zerlassen. Die Zwiebel- und Knoblauchscheiben darin andünsten.

2 Das Lammgulasch mit Küchenpapier abtupfen, mit Salz und Pfeffer würzen, in den Topf geben und kurz unter Rühren mitdünsten. So viel Gemüsebrühe hinzugießen, dass die Fleischwürfel knapp bedeckt sind. Das Lammgulasch zugedeckt bei mittlerer Hitze etwa 1 Stunde köcheln lassen, dabei gelegentlich umrühren.

3 In der Zwischenzeit die äußeren Blätter vom Spitz- und Weißkohl entfernen. Kohl vierteln und jeweils den Strunk herausschneiden. Kohlviertel in etwa 3 cm große Würfel schneiden. Kartoffeln schälen, abspülen, abtropfen lassen und grob würfeln.

4 Zunächst die Kartoffelwürfel auf dem Lammfleisch verteilen, leicht mit Salz würzen. Dann den vorbereiteten Kohl daraufgeben. So viel von der restlichen Gemüsebrühe hinzugießen, dass die Kohlschicht bedeckt ist. Die Zutaten wieder zum Kochen bringen und zugedeckt bei mittlerer Hitze weitere 30–40 Minuten köcheln lassen.

5 In der Zwischenzeit für das Petersilienpesto Knoblauch abziehen und den Pecorino fein reiben. Die Petersilie abspülen und trocken tupfen. Grobe Stängel entfernen. Knoblauch, Pecorino, Petersilie und Mandeln in einen hohen Rührbecher geben und mit einem Pürierstab fein pürieren. Das Olivenöl nach und nach dazugeben und ebenfalls pürieren. Das Petersilienpesto mit Salz und Pfeffer abschmecken.

6 Den Eintopf in tiefen Tellern anrichten. Das Petersilienpesto daufträufeln oder separat dazureichen.

Tipps: Bekommen Sie keinen Pecorino-Käse, ersetzen Sie ihn durch Parmesan. Statt mit Lammfleisch schmeckt der Eintopf auch mit der gleichen Menge Schweinegulasch.

VEGAN

Rote-Rüben-Eintopf

4 Portionen | Pro Portion: E: **5** g, F: **6** g, Kh: **37** g, kJ: **976**, kcal: **232**, BE: **3,0**

- 500 g vorgegarte Rote Bete (vakuumverpackt)
- 1 mittelgroße Zwiebel
- 350 g Möhren
- 500 g mehligkochende Kartoffeln

- 2 Bio-Orangen (unbehandelt, ungewachst)
- 2 EL Sonnenblumenöl
- 400 ml heiße Gemüsebrühe

- 2 Stängel Dill
- 4 TL ger. Meerrettich
- Salz
- gem. Pfeffer

1 Rote Bete in ein Sieb geben, abtropfen lassen und den Saft auffangen. Rote Bete in Würfel schneiden (Achtung: stark färbend). Zwiebel abziehen, halbieren und in feine Würfel schneiden.

2 Möhren putzen. Möhren und Kartoffeln schälen, abspülen, abtropfen lassen und in Würfel schneiden. Kartoffelwürfel in eine Schüssel geben, mit so viel kaltem Wasser begießen, dass die Kartoffelwürfel knapp bedeckt sind.

3 Die Orangen heiß abwaschen, abtrocknen und die Schale abreiben. Die Orangen halbieren und auspressen.

4 Das Öl in einem großen Topf erhitzen. Die Zwiebel- und Möhrenwürfel darin andünsten. Kartoffelwürfel mit dem Wasser, Orangenschale und -saft unterrühren.

5 Die Gemüsebrühe hingießen. Die Zutaten zum Kochen bringen und zugedeckt bei mittlerer Hitze etwa 35 Minuten köcheln lassen, dabei ab und zu umrühren.

6 Dann die Rote-Bete-Würfel mit dem aufgefangenen Saft hinzugeben und unterrühren. Den Rote-Rüben-Eintopf bei mittlerer Hitze weitere 5–10 Minuten köcheln lassen, dabei gelegentlich umrühren.

7 Dill abspülen, trocken tupfen, die Spitzen von den Stängeln zupfen und fein schneiden.

8 Zum Servieren den Meerrettich unter den Eintopf rühren. Den Eintopf mit Salz und Pfeffer abschmecken und mit Dill bestreut servieren.

Tipps: Verfeinern Sie den Eintopf mit etwas angeschlagener Sojasahne oder wenn es nicht vegan sein muss, einfach mit einem Klecks Crème fraîche. Zum Eintopf schmeckt frisches Fladenbrot oder Baguette.

VEGAN

Gemüseeintopf „Querbeet"

4 Portionen | Pro Portion: E: **9** g, F: **2** g, Kh: **27** g, kJ: **679**, kcal: **161**, BE: **2,0**

500 g festkochende Kartoffeln
1 ¼–1 ½ l vegane Gemüsebrühe
1 kg TK-Suppengemüse
½ Bund Petersilie

½ Bund Kerbel
Salz
gem. Pfeffer

1 Die Kartoffeln schälen, abspülen, abtropfen lassen und in etwa 1 cm große Würfel schneiden.

2 Brühe in einem Topf zum Kochen bringen. Die Kartoffelwürfel hinzufügen, zugedeckt zum Kochen bringen und bei mittlerer Hitze etwa 15 Minuten köcheln lassen.

3 Anschließend das Suppengemüse hinzugeben. Die Zutaten wieder zum Kochen bringen und zugedeckt bei mittlerer Hitze weitere 10–15 Minuten köcheln lassen.

4 In der Zwischenzeit Petersilie und Kerbel abspülen und trocken tupfen. Die Blättchen von den Stängeln zupfen. Die Blättchen fein schneiden.

5 Die Eintopf mit Salz und Pfeffer abschmecken. Zum Servieren den Eintopf mit Petersilie und Kerbel bestreuen.

Tipps: Möchten Sie ein Topping auf den Eintopf geben, schmecken Röstzwiebeln dazu sehr lecker. Oder den Eintopf mit geriebenem Emmentaler (etwa 100 g) bestreuen.

Chili sin carne

4 Portionen | Pro Portion: E: **20** g, F: **20** g, Kh: **43** g, kJ: **1826**, kcal: **438**, BE: **3,0**

- 1 Gemüsezwiebel (etwa 250 g)
- 2 Knoblauchzehen
- 1 dicke Möhre (etwa 150 g)
- je 1 rote, gelbe und grüne Paprikaschote (je etwa 200 g)
- 1 Zucchini (etwa 300 g)
- 1 kleine Aubergine (etwa 250 g)

- 2–3 EL Olivenöl
- 800 g geschälte Tomaten (aus der Dose)
- 500 g abgespülte, abgetropfte Kidneybohnen (aus der Dose)
- 1 Lorbeerblatt
- 2–3 EL Chilisauce

- Salz
- 1 Prise Zucker
- 2 TL Chilipulver
- 1 Stängel Rosmarin
- 1 kleines Bund Thymian
- gem. Pfeffer
- 150 g Crème fraîche

1 Gemüsezwiebel und Knoblauch abziehen und fein würfeln. Möhre putzen, schälen, abspülen und abtropfen lassen. Die Paprikaschoten halbieren, entstielen, entkernen und die weißen Scheidewände entfernen. Schoten abspülen und trocken tupfen.

2 Zucchini und Aubergine abspülen, abtrocknen und die Enden bzw. Stängelansätze abschneiden. Die Möhre, Paprikaschoten, Zucchini und Aubergine in ½–1 cm kleine Würfel schneiden.

3 Das Olivenöl in dem Topf erhitzen. Zuerst die Zwiebel- und Möhrenwürfel darin andünsten. Dann die Paprika- und Knoblauchwürfel unterrühren. Danach die Zucchini- und Auberginenwürfel hinzugeben und kurz unter Rühren mit andünsten.

4 Die Tomaten in der Dose zerkleinern, anschließend mit der Flüssigkeit, den Kidneybohnen, dem Lorbeerblatt und der Chilisauce in den Topf geben und unterrühren.

5 Das Ganze zum Kochen bringen und bei schwacher Hitze zugedeckt etwa 15 Minuten köcheln lassen. Dabei das Chili gelegentlich umrühren. Chili mit Salz, Zucker und Chilipulver würzen.

6 Rosmarin und Thymian abspülen und trocken tupfen. Die Nadeln und Blättchen von den Stängeln zupfen und fein schneiden. Rosmarin und Thymian unter das Chili rühren. Das Chili weitere etwa 10 Minuten garen.

7 Das Chili mit Salz und Pfeffer abschmecken, das Lorbeerblatt entfernen. Zum Servieren jede Portion mit einem Klecks Crème fraîche garnieren.

Tipps: Das Chili noch mit etwas Chilipulver bestreut und mit Rosmarinnadeln garniert servieren. Ohne Crème fraîche ist das Chili auch für Veganer geeignet. Das Chili zusätzlich mit Teigwaren (pro Person 60–80 g Rohware) oder gegarten Kartoffelwürfeln (etwa 400 g) anreichern. Oder Baguette, Fladenbrot oder Tortilla-Chips dazureichen.

Grüner Gemüseeintopf
mit Nudeln

4 Portionen | Pro Portion: E: **27** g, F: **24** g, Kh: **42** g, kJ: **2086**, kcal: **498**, BE: **3,5**

500 g grüne Bohnen
40 g Butter
500 g Brokkoli
1 großer Kohlrabi
750 ml Gemüsebrühe

250 g Thüringer Mett
150 g Erbsen

1 l Wasser
1 gestr. TL Salz
150 g Buchstabennudeln

2 EL gehackte Petersilie
Salz
gem. Pfeffer

1 Von den Bohnen die Enden abschneiden. Die Bohnen evtl. abfädeln, abspülen, abtropfen lassen und in Stücke schneiden. Butter in einem Topf zerlassen. Bohnenstücke darin etwa 5 Minuten andünsten, evtl. noch 2–3 Esslöffel Wasser hinzugeben.

2 Inzwischen von dem Brokkoli die Blätter entfernen. Brokkoli in kleine Röschen teilen. Den Strunk schälen und in Stücke schneiden. Brokkoliröschen und -stücke abspülen, abtropfen lassen. Den Kohlrabi schälen, abspülen und abtropfen lassen. Kohlrabi in kleine Stücke schneiden.

3 Die Brokkoliröschen und -stücke sowie die Kohlrabistücke zu den Bohnen in den Topf geben, kurz mitdünsten. Brühe hinzugießen, zum Kochen bringen und das Ganze zugedeckt etwa 10 Minuten köcheln lassen.

4 Aus dem Mett kleine, gleich große Klößchen formen. Die Mettklößchen mit den Erbsen zum Gemüse geben und in etwa 5 Minuten gar ziehen lassen.

5 In der Zwischenzeit das Wasser in einem großen Topf zugedeckt zum Kochen bringen. Dann Salz und Nudeln zugeben. Die Nudeln im geöffneten Topf bei mittlerer Hitze nach Packungsanleitung bissfest kochen, dabei gelegentlich umrühren. Dann die Nudeln in ein Sieb geben, mit heißem Wasser abspülen und abtropfen lassen.

6 Anschließend Nudeln und Petersilie in den Eintopf geben, alles nochmals kurz erhitzen. Vor dem Servieren den Eintopf mit Salz und Pfeffer abschmecken.

VEGAN
Spargeleintopf

4 Portionen | Pro Portion: E: **9** g, F: **11** g, Kh: **31** g, kJ: **1108**, kcal: **264**, BE: **2,0**

800 g weißer Spargel
300 g grüner Spargel
2 l Wasser
2 TL Voll-Rohrzucker
2 TL Salz
gem. Pfeffer

2 Zwiebeln
2 Knoblauchzehen
30 g Ingwer
500 g festkochende Kartoffeln
1–2 EL Rapsöl

250 g Möhren
1 kleiner Kohlrabi
100 g Zuckerschoten
einige Stängel Petersilie

1 Den weißen Spargel von oben nach unten schälen. Darauf achten, dass die Schalen vollständig entfernt, die Köpfe aber nicht verletzt werden. Die unteren Enden abschneiden (holzige Stellen vollkommen entfernen). Von dem grünen Spargel das untere Drittel schälen und die unteren Enden abschneiden. Die Spargelstangen, -schalen und -enden abspülen und abtropfen lassen.

2 Spargelschalen und -enden in einen Topf geben. Wasser, Zucker, Salz und Pfeffer hinzugeben. Die Zutaten zum Kochen bringen und zugedeckt bei mittlerer Hitze etwa 10 Minuten köcheln lassen.

3 In der Zwischenzeit Zwiebeln und Knoblauch abziehen und in kleine Würfel schneiden. Ingwer schälen und in kleine Würfel schneiden. Die Kartoffeln schälen, abspülen, abtropfen lassen und in kleine Würfel schneiden.

4 Die Spargelschalen und -enden in ein Sieb abgießen, dabei den Spargelfond auffangen.

5 Rapsöl in einem großen Topf erhitzen. Zwiebel-, Knoblauch- und Ingwerwürfel darin glasig dünsten. Spargelfond hinzugießen und zum Kochen bringen. Kartoffelwürfel hinzugeben und zugedeckt etwa 5 Minuten köcheln lassen.

6 Möhren putzen, schälen, abspülen, abtropfen lassen und in Scheiben schneiden. Kohlrabi schälen, abspülen, abtropfen lassen, zuerst in Scheiben, dann in Würfel schneiden.

7 Spargel in 2–3 cm große Stücke schneiden. Möhrenscheiben, Kohlrabiwürfel und weiße Spargelstücke zu den Kartoffelwürfeln in den Topf geben. Das Ganze wieder zum Kochen bringen und zugedeckt etwa 10 Minuten köcheln lassen. Dann die grünen Spargelstücke hinzugeben und unterrühren. Den Eintopf zugedeckt weitere etwa 5 Minuten köcheln lassen.

8 Zuckerschoten putzen, evtl. abfädeln, abspülen, abtropfen lassen und je nach Größe 2–3-mal durchschneiden. Zuckerschoten zum Eintopf geben und etwa 1 Minute mitgaren.

9 Petersilie abspülen und trocken tupfen. Die Blättchen von den Stängeln zupfen und klein schneiden. Den Eintopf mit Salz und Pfeffer abschmecken, mit Petersilie bestreut servieren.

VEGAN
Tofueintopf

4 Portionen | Pro Portion: E: **41** g, F: **23** g, Kh: **19** g, kJ: **1830**, kcal: **437**, BE: **1,0**

800 g Tofu
3 EL Sojasauce
2 Zwiebeln
je 2 gelbe und grüne
  Paprikaschoten
500 g Champignons

500 g Tomaten
3–5 Stängel Majoran oder
  Thymian
3–4 EL Speiseöl (z. B. Sonnen-
  blumen- oder Sojaöl)
1 l vegane Gemüsebrühe

2–3 EL Tomaten-
  oder Paprikamark
Salz
gem. Pfeffer
Paprikapulver rosenscharf

1 Den Tofu in mundgerechte Stücke schneiden, in einen tiefen Teller geben, mit Sojasauce beträufeln. Tofuwürfel 20–30 Minuten marinieren, dabei ab und zu wenden.

2 In der Zwischenzeit die Zwiebeln abziehen, halbieren und fein würfeln. Die Paprikaschoten halbieren, entstielen, entkernen und die weißen Scheidewände entfernen. Schoten abspülen, abtropfen lassen und in Stücke schneiden. Champignons putzen und in Scheiben schneiden.

3 Tomaten kreuzweise einschneiden und mit kochendem Wasser übergießen. Nach 1–2 Minuten herausnehmen und mit kaltem Wasser abschrecken. Tomaten enthäuten, halbieren und die Stängelansätze herausschneiden. Tomaten entkernen und das Fruchtfleisch in mundgerechte Stücke schneiden.

4 Majoran oder Thymian abspülen, trocken tupfen und die Blättchen von 2 Stängeln zupfen. Blättchen und Stängel beiseitelegen.

5 Von dem Öl 2 Esslöffel in einem Topf erhitzen. Tofuwürfel aus der Sojasauce nehmen, evtl. etwas abtropfen lassen und in 2 Portionen in dem heißen Öl von allen Seiten bei mittlerer bis starker Hitze in etwa 5 Minuten hellbraun anbraten. Dann aus dem Topf nehmen und beiseitestellen.

6 Restliches Öl in den Topf geben, erhitzen und die Zwiebelwürfel darin andünsten. Die Paprikawürfel und Pilzscheiben zugeben und kurz mitdünsten.

7 Gemüsebrühe, Tomaten- oder Paprikamark mit den Kräuterstängeln zugeben, alles einmal aufkochen lassen und etwa 5 Minuten bei schwacher Hitze zugedeckt kochen lassen, das Gemüse sollte noch bissfest sein.

8 Die beiseitegelegten Tofuwürfel mit den Tomatenstücken hinzugeben, alles erneut aufkochen und weitere etwa 5 Minuten köcheln lassen. Die Kräuterstängel aus dem Eintopf entfernen. Den Eintopf mit Salz, Pfeffer und Paprikapulver abschmecken, mit den beiseitegelegten Kräuterblättchen bestreuen.

Tipps: In der Winterzeit die frischen Kräuter durch gerebelten Majoran oder getrockneten Thymian ersetzen.

Rezeptvariante:
Auch mit Kartoffeln ein Gedicht: Für ein **Kartoffelgulasch** Tofu durch die gleiche Menge an Pellkartoffeln (vom Vortag) ersetzen. Die Kartoffeln in mundgerechte Stücke schneiden und mit den Tomatenstücken kurz in dem Eintopf garen.

Sellerie-Kartoffel-Eintopf

4 Portionen | Pro Portion: E: **10** g, F: **26** g, Kh: **30** g, kJ: **1640**, kcal: **392**, BE: **2,5**

400 g festkochende Kartoffeln
500 g Knollensellerie
200 g Möhren
1 Zwiebel
2 EL Butter

1 ½ l Gemüsebrühe
240 g abgetropfte Kichererbsen
(aus der Dose)

Für das Kräuteröl:
1 Bund glatte Petersilie
oder Kerbel
200 ml mildes Olivenöl
1–2 Prisen Salz
grob gem. schwarzer Pfeffer

1 Die Kartoffeln schälen, abspülen, abtropfen lassen und in Würfel schneiden. Knollensellerie und Möhren putzen, schälen, abspülen, abtropfen lassen, halbieren und ebenfalls in Würfel schneiden. Zwiebel abziehen und in kleine Würfel schneiden.

2 Die Butter in einem Topf zerlassen, Zwiebelwürfel darin andünsten. Die Kartoffel-, Sellerie- und Möhrenwürfel darin unter Rühren ebenfalls andünsten. Gemüsebrühe hinzugießen und zum Kochen bringen. Den Eintopf zugedeckt bei mittlerer Hitze etwa 15 Minuten köcheln lassen.

3 Die Kichererbsen zum Eintopf in den Topf geben. Die Zutaten zugedeckt bei mittlerer Hitze weitere etwa 5 Minuten köcheln lassen.

4 In der Zwischenzeit Petersilie oder Kerbel abspülen und trocken tupfen. Die Blättchen von den Stängeln zupfen, grob zerschneiden und in einen hohen Rührbecher geben. Olivenöl und Salz hinzufügen, mit einem Pürierstab zu einem grünen Öl mixen.

5 Den Eintopf mit Salz und Pfeffer abschmecken. Eintopf in tiefen Tellern oder Suppentassen anrichten, mit je 1–2 Esslöffeln des Kräuteröls beträufeln und sofort servieren.

Tipp: Das restliche Kräuteröl in einem verschlossenen Gefäß im Kühlschrank aufbewahren und nach Belieben für Pasta oder Dressings verwenden.

Bunter Eintopf (Titelrezept)

4 Portionen | Pro Portion: E: **23** g, F: **20** g, Kh: **11** g, kJ: **1330**, kcal: **317**, BE: **0,5**

400 g Schweinenacken
(ohne Knochen)
2 rote Zwiebeln
2 EL Olivenöl
3 EL Tomatenmark
Salz
gem. Pfeffer

750 ml heiße Fleisch- oder
Gemüsebrühe

1 gelbe Paprikaschote
250 g Cocktailtomaten
1 mittelgroße Zucchini
1 kleine Aubergine

2 EL Zitronensaft
200 g TK-Grüne Bohnen
1 TL gerebelter Thymian

2–3 Stängel Thymian

1 Fleisch mit Küchenpapier abtupfen und in mundgerechte Würfel schneiden. Zwiebeln abziehen, halbieren und in Scheiben schneiden.

2 Das Öl in einem großen Topf erhitzen. Die Fleischwürfel darin rundherum anbraten. Tomatenmark hinzugeben, unterrühren und kurz mitrösten. Fleischwürfel mit Salz und Pfeffer würzen. Zwiebelscheiben hinzugeben und kurz mitbraten.

3 Die Brühe hinzugießen. Die Zutaten zum Kochen bringen und zugedeckt bei mittlerer Hitze etwa 30 Minuten köcheln lassen.

4 In der Zwischenzeit die Paprikaschote halbieren, entstielen, entkernen und die weißen Scheidewände entfernen. Paprikahälften abspülen, abtropfen lassen und in Streifen schneiden. Cocktailtomaten abspülen, abtropfen lassen und halbieren, dabei evtl. die Stängelansätze entfernen.

5 Zucchini und Aubergine abspülen, trocken tupfen, die Enden bzw. den Stängelansatz abschneiden. Zucchini und Aubergine in grobe Würfel oder Scheiben schneiden, mit Zitronensaft beträufeln und zugedeckt beiseitestellen.

6 Vorbereitetes Gemüse und die Bohnen mit gerebeltem Thymian in den Topf geben. Die Zutaten wieder zum Kochen bringen und den Eintopf zugedeckt bei mittlerer Hitze weitere 15–20 Minuten köcheln lassen.

7 Thymian abspülen, trocken tupfen und die Blättchen von den Stängeln zupfen. Den Eintopf zum Servieren mit Salz und Pfeffer abschmecken und mit den Thymianblättchen bestreut servieren.

Tipps: Dazu schmeckt knuspriges Weißbrot. In diesem Eintopf können Sie gut Reste von gekochten Nudeln oder Kartoffeln unterbringen. Geben Sie die fertig gegarten Nudeln oder Kartoffelwürfel etwa 5 Minuten vor dem Ende der Garzeit mit in den Topf.

Graupentopf
mit Hähnchen

4 Portionen | Pro Portion: E: **42** g, F: **30** g, Kh: **51** g, kJ: **2692**, kcal: **643**, BE: **4,0**

4 Hähnchenschenkel
   (je etwa 250 g)
Salz
gem. Pfeffer
½ TL Paprikapulver edelsüß

3 EL Olivenöl
1 ¼ l Hühnerbrühe
250 g Perlgraupen, grob

1 Knoblauchzehe

1 Bund Frühlingszwiebeln
200 g Cocktailtomaten

1 Bund Kerbel oder Petersilie
2–3 EL Zitronensaft

1 Die Hähnchenschenkel mit Küchenpapier abtupfen. Anschließend die Hähnchenschenkel mit Salz, Pfeffer und Paprikapulver würzen.

2 Olivenöl in einem offenen Schnellkochtopf erhitzen und die Hähnchenschenkel darin in 2 Portionen rundherum gut anbraten.

3 Die Hähnchenschenkel aus dem Topf nehmen. Die Hühnerbrühe und Graupen in den Schnellkochtopf geben und gut umrühren. Die Hähnchenschenkel wieder in den Schnellkochtopf geben.

4 Den Schnellkochtopf nach Herstelleranleitung verschließen und erhitzen. Wenn die gewählte Schnellgarstufe erreicht ist, den Graupentopf mit den Hähnchenschenkeln etwa 10 Minuten garen.

5 In der Zwischenzeit Knoblauch abziehen und fein würfeln. Frühlingszwiebeln putzen, abspülen, abtropfen lassen und in dünne Ringe schneiden. Die Tomaten abspülen, abtrocknen und halbieren, evtl. die Stängelansätze herausschneiden.

6 Nach der Garzeit den Schnellkochtopf nach Herstelleranleitung öffnen. Die Hähnchenschenkel aus dem Topf nehmen und zugedeckt warm stellen.

7 Den Graupentopf mit Salz und Pfeffer würzen. Frühlingszwiebelringe, Knoblauchwürfel und die halbierten Cocktailtomaten vorsichtig unterrühren, kurz im offenen Topf miterhitzen.

8 Kerbel oder Petersilie abspülen, trocken tupfen und einige Stängel zum Garnieren beiseitelegen. Von den restlichen Stängeln die Blättchen abzupfen und fein schneiden.

9 Den Graupentopf mit Zitronensaft abschmecken. Graupentopf in tiefen Tellern anrichten, mit Kerbel oder Petersilie bestreuen. Die Hähnchenschenkel darauf anrichten, mit den beiseitegelegten Kräuterstängeln garniert servieren.

Hinweis: Die gewählte Schnellgarstufe kann je nach Modell, Hersteller und Alter des Schnellkochtopfes unterschiedlich angezeigt werden.

Gemüseeintopf
mit Bratwurstbällchen

4 Portionen | Pro Portion: E: **15** g, F: **30** g, Kh: **23** g, kJ: **1740**, kcal: **416**, BE: **1,0**

- 1 ½ l Gemüsebrühe
- 300 g frische Bratwurst
- 1 Bund Frühlingszwiebeln

- 300 g Möhren
- 400 g Kartoffeln
- 2 kleine Kohlrabi

- 4 EL Olivenöl
- Salz
- gem. Pfeffer

1 Die Brühe zugedeckt in einem Topf zum Kochen bringen. Die Kochstelle ausschalten.

2 Die Bratwurstmasse portionsweise als Bällchen aus der Haut drücken. Bällchen in die heiße Brühe geben. Die Bällchen in der Brühe auf der ausgeschalteten Kochstelle gar ziehen lassen.

3 In der Zwischenzeit die Frühlingszwiebeln putzen, abspülen und abtropfen lassen. Das dunkle Grün etwa 5 cm breit abschneiden und beiseitelegen. Die restlichen Stücke in etwa 1 cm breite Stücke schneiden.

4 Möhren putzen. Kartoffeln, Möhren und Kohlrabi schälen, abspülen, abtropfen lassen und in 1 cm große Würfel schneiden.

5 Das Öl in einem Topf erhitzen. Das vorbereitete Gemüse unter Rühren darin andünsten. Die Fleischbrühe mit den Bällchen vorsichtig hinzugießen. Die Zutaten zum Kochen bringen. Den Eintopf zugedeckt bei mittlerer Hitze etwa 15 Minuten köcheln lassen.

6 Den Gemüseeintopf evtl. mit Salz und Pfeffer abschmecken. Das beiseitegelegte Grün der Frühlingszwiebeln in feine Ringe schneiden. Den Eintopf mit den Frühlingszwiebelringen bestreuen und servieren.

Kanincheneintopf

4 Portionen | Pro Portion: E: **50** g, F: **14** g, Kh: **24** g, kJ: **1786**, kcal: **427**, BE: **1,5**

- 1 kg Kaninchenteile (z. B. Brust, Läufe, Keule)
- Salz
- gem. Pfeffer
- 3 EL Olivenöl
- 2 Zwiebeln

- 60 g Schinkenwürfel
- 1 EL Tomatenmark
- 700 ml Geflügelbrühe
- ½ TL getrocknete Rosmarinnadeln
- 3–4 Pimentkörner
- 2 Gewürznelken

- 150 g Knollensellerie
- 200 g Möhren
- 250 g festkochende Kartoffeln
- 80 g entsteinte Backpflaumen

1 Die Kaninchenteile mit Küchenpapier abtupfen, evtl. enthäuten, dann mit Salz und Pfeffer würzen.

2 Olivenöl in einem Topf oder Bräter erhitzen. Die Kaninchenteile darin von allen Seiten anbraten. Die Zwiebeln abziehen und in Würfel schneiden. Zwiebel- und Schinkenwürfel hinzugeben und mit anbraten. Das Tomatenmark unterrühren.

3 Die Brühe hinzugießen und alles aufkochen. Rosmarinnadeln, Pimentkörner und Gewürznelken unterrühren. Kaninchenteile zugedeckt bei mittlerer Hitze etwa 1 Stunde köcheln lassen.

4 In der Zwischenzeit Sellerie und Möhren putzen. Sellerie, Möhren und Kartoffeln schälen, abspülen, abtropfen lassen und in 1 cm große Würfel schneiden.

5 Die Kaninchenteile aus der Brühe nehmen. Das Fleisch von den Knochen lösen und klein schneiden.

6 Die Fleischstücke zusammen mit den Sellerie-, Möhren- und Kartoffelwürfeln wieder in die Brühe geben. Die Zutaten zugedeckt bei mittlerer Hitze weitere etwa 30 Minuten köcheln lassen, dabei ab und zu umrühren.

7 Die Backpflaumen vierteln, in den Eintopf geben und kurz heiß werden lassen. Den Eintopf mit Salz und Pfeffer abschmecken und servieren.

Eintopf vom
freilaufenden Mistkratzer

8 Portionen | Pro Portion: E: **41** g, F: **38** g, Kh: **38** g, kJ: **2774**, kcal: **663**, BE: **2,5**

1 küchenfertiges Suppenhuhn
  (etwa 2 kg)
1 ½–2 EL Salz
1 Bund Suppengrün
  (Möhre, Sellerie, Porree)

600 g festkochende Kartoffeln

2 Bund Frühlingszwiebeln
400 g Möhren
300 g Staudensellerie
200 g TK-Erbsen

2 l Wasser
2 gestr. TL Salz

200 g Suppennudeln
  (z. B. Muscheln, Sterne
  oder Buchstaben)

1 Bund Petersilie

gem. Pfeffer

1 Das Suppenhuhn innen und außen mit Küchenpapier abtupfen. Suppenhuhn in einen großen Topf (etwa 5 l Inhalt) geben. So viel kaltes Wasser hinzugeben, dass das Huhn knapp mit Wasser bedeckt ist. Das Ganze zum Kochen bringen. Den entstehenden Schaum mit einem Schaumlöffel abschöpfen. Salz hinzugeben. Das Suppenhuhn zugedeckt bei mittlerer Hitze etwa 1 Stunde köcheln lassen, wenn nötig, etwas Wasser nachgießen.

2 Das Suppengrün putzen, abspülen, abtropfen lassen und in kleine Stücke schneiden. Suppengrün zu dem Huhn in den Topf geben. Die Zutaten zugedeckt bei mittlerer Hitze weitere etwa 30 Minuten köcheln lassen.

3 In der Zwischenzeit die Kartoffeln schälen, abspülen, abtropfen lassen und in etwa 2 cm große Würfel schneiden. Frühlingszwiebeln putzen, abspülen, abtropfen lassen und in etwa 1 cm lange Stücke schneiden.

4 Möhren putzen, schälen, abspülen, abtropfen lassen und in Scheiben schneiden. Den Sellerie putzen, abspülen, abtropfen und in 1 cm lange Stücke schneiden.

5 Das Huhn aus dem Topf nehmen und etwas abkühlen lassen. Die Brühe durch ein feines Sieb gießen, dabei die Brühe auffangen und 2 ½ l davon abmessen. Die Brühe einige Minuten stehen lassen, damit sich das Fett an der Oberfläche absetzen kann.

6 Vorsichtig etwa 2 Esslöffel Hühnerfett von der Brühe abnehmen, in einen großen Topf geben und erhitzen. Kartoffeln und vorbereitetes Gemüse darin andünsten. Die abgemessene Hühnerbrühe hinzugießen, zum Kochen bringen. Die Zutaten etwa 10 Minuten zugedeckt bei mittlerer Hitze köcheln lassen.

7 Inzwischen das gekochte Huhn enthäuten. Das Fleisch von den Knochen lösen und klein schneiden, mit den Erbsen in den Topf geben, unterrühren. Alles weitere etwa 10 Minuten köcheln lassen.

8 Inzwischen Wasser in einem großen Topf zugedeckt zum Kochen bringen. Dann Salz und Nudeln zugeben. Die Nudeln im geöffneten Topf bei mittlerer Hitze nach Packungsanleitung bissfest kochen, dabei gelegentlich umrühren. Dann die Nudeln in ein Sieb geben, mit heißem Wasser abspülen und abtropfen lassen.

9 In der Zwischenzeit die Petersilie abspülen, trocken tupfen und die Blättchen von den Stängeln zupfen. Petersilienblättchen sehr fein schneiden.

10 Die Nudeln in den Eintopf geben und vorsichtig unterrühren. Den Eintopf mit Salz und Pfeffer abschmecken, mit Petersilie bestreut servieren.

Chinakohleintopf

4 Portionen | Pro Portion: E: **37** g, F: **8** g, Kh: **35** g, kJ: **1511**, kcal: **361**, BE: **2,5**

4 Zwiebeln
1–2 Knoblauchzehen
800 g Kartoffeln
1 EL Sonnenblumenöl
500 g Tatar (Schabefleisch)

Salz
gem. Pfeffer
2 gestr. TL Gemüsebrühenpulver
200 ml heißes Wasser
800 g stückige Tomaten
   (aus Dosen)

1 ¼ kg Chinakohl

½ Bund Schnittlauch

1 Zwiebeln und Knoblauch abziehen, halbieren und fein würfeln. Kartoffeln schälen, abspülen, abtropfen lassen und in etwa 1½ cm große Würfel schneiden.

2 Das Öl in einem großen Topf erhitzen. Zwiebel-, Knoblauch- und Kartoffelwürfel hinzufügen und unter Rühren andünsten.

3 Tatar hinzufügen und unter Rühren mit anbraten. Dabei Klümpchen evtl. mit einer Gabel zerdrücken, mit Salz, Pfeffer und Brühe würzen.

4 Wasser hinzugießen. Die Zutaten unter Rühren zum Kochen bringen, zugedeckt bei schwacher Hitze etwa 5 Minuten köcheln lassen. Die Tomaten unterrühren. Das Ganze wieder zum Kochen bringen.

5 In der Zwischenzeit den Chinakohl putzen, vierteln und den Strunk herausschneiden. Chinakohl abspülen, abtropfen lassen, in feine Streifen schneiden und dann unter die Tatar-Tomaten-Mischung rühren.

6 Chinakohleintopf nochmals kurz aufkochen lassen und zugedeckt bei schwacher Hitze etwa 10 Minuten köcheln lassen. Dabei gelegentlich umrühren.

7 Schnittlauch abspülen, trocken tupfen und in Röllchen schneiden. Den Eintopf vor dem Servieren nochmals mit Salz und Pfeffer abschmecken, mit Schnittlauchröllchen bestreut servieren.

Hähnchenfleischtopf
mit Paprika

4 Portionen I Pro Portion: E: **50** g, F: **13** g, Kh: **19** g, kJ: **1761**, kcal: **421**, BE: **1,0**

375 g Hähnchenbrustfilet
3 Hähnchenkeulen (etwa 500 g)
250 g festkochende Kartoffeln
200 g Kohlrabi
200 g Möhren

1 Bund Frühlingszwiebeln
1 rote Paprikaschote (200 g)
2 EL Speiseöl
Salz
gem. Pfeffer

1 EL Tomatenmark
300 ml Hühnerbrühe
100 ml trockener Weißwein
 (z. B. Riesling)
½ Bund Kerbel

1 Hähnchenbrustfilets und -keulen mit Küchenpapier abtupfen. Filets in kleine Stücke schneiden. Die Haut von den Hähnchenkeulen entfernen. Das Fleisch der Hähnchenkeulen von den Knochen lösen und ebenfalls in kleine Stücke schneiden.

2 Kartoffeln und Kohlrabi schälen, abspülen und abtropfen lassen. Möhren putzen, schälen, abspülen und abtropfen lassen. Kartoffeln, Kohlrabi und Möhren zuerst in Scheiben und danach in Stifte schneiden.

3 Frühlingszwiebeln putzen, abspülen, abtropfen lassen und in etwa 3 cm lange Stücke schneiden. Paprikaschote halbieren, entstielen, entkernen und die weißen Scheidewände entfernen. Schotenhälften abspülen, abtropfen lassen und in kleine Würfel schneiden.

4 Das Öl in einem großen Topf erhitzen. Hähnchenfleischstücke darin evtl. portionsweise von allen Seiten anbraten, mit Salz und Pfeffer würzen. Kartoffel-, Kohlrabi- und Möhrenstifte hinzugeben und mit andünsten.

5 Das Tomatenmark unterrühren. Die Hälfte der Hühnerbrühe hinzugießen. Die Zutaten zum Kochen bringen und dann zugedeckt bei schwacher Hitze etwa 20 Minuten köcheln lassen.

6 Restliche Brühe und Wein hinzugießen. Die Zutaten wieder zum Kochen bringen und zugedeckt bei schwacher Hitze weitere etwa 5 Minuten köcheln lassen.

7 In der Zwischenzeit Kerbel abspülen und trocken tupfen. Blättchen von den Stängeln zupfen.

8 Frühlingszwiebelstücke und Paprikawürfel in den Hähnchenfleischtopf geben. Einige Kerbelblättchen unterrühren. Den Fleischtopf wieder zum Kochen bringen und zugedeckt bei schwacher Hitze weitere etwa 5 Minuten köcheln lassen.

9 Den Hähnchenfleischtopf mit Salz und Pfeffer abschmecken, mit den restlichen Kerbelblättchen bestreut servieren.

Tipp: Möchten Sie den Weißwein weglassen, ersetzen Sie ihn durch fein-säuerlichen Apfelsaft oder erhöhen Sie die Menge der Brühe entsprechend.

Eintopf von 4 Wurzelgemüsen

4 Portionen | Pro Portion: E: **15** g, F: **39** g, Kh: **23** g, kJ: **2112**, kcal: **507**, BE: **2,0**

300 g Pastinaken
300 g Kerbelwurzeln
200 g Petersilienwurzeln
400 g Möhren
2 Zwiebeln
2 EL Butter
Salz

gem. Pfeffer
1 ¼ l heiße Gemüsebrühe

1 Bund Schnittlauch
250 g Crème fraîche
8 Scheiben Kasseler-Aufschnitt

Für das Petersilienöl:
1 Bund Petersilie
200 ml Oliven- oder Sonnen-
    blumenöl
1 gestr. TL Salz

1 Prise Zucker

1 Pastinaken, Kerbel-, Petersilienwurzeln und Möhren putzen, schälen, abspülen und abtropfen lassen. Das Gemüse in knapp ½ cm dicke Scheiben schneiden. Die Zwiebeln abziehen und fein würfeln.

2 Die Butter in einen Topf geben und zerlassen. Die Zwiebelwürfel hinzugeben und darin andünsten. Die Wurzelgemüsescheiben hinzugeben und ebenfalls mit andünsten, mit Salz und Pfeffer würzen. Die Gemüsebrühe hinzugießen. Den Eintopf zugedeckt bei mittlerer Hitze 15–20 Minuten köcheln lassen.

3 In der Zwischenzeit den Schnittlauch abspülen, trocken tupfen und in feine Röllchen schneiden. Crème fraîche in eine Schüssel geben, mit den Schnittlauchröllchen verrühren, mit Salz und Pfeffer abschmecken. Kasselerscheiben in feine Streifen schneiden.

4 Für das Petersilienöl die Petersilie abspülen, trocken tupfen und die Blättchen von den Stängeln zupfen. Petersilienblättchen in einen hohen Rührbecher geben. Öl und Salz hinzugeben. Die Zutaten mit einem Pürierstab zu einem Petersilienöl verarbeiten.

5 Den Eintopf mit Salz, Pfeffer und Zucker abschmecken. Zum Servieren den Eintopf in 4 Portionen mit Kasselerstreifen und der Crème-fraîche-Mischung anrichten. Je Portion 1 Esslöffel Petersilienöl daraufgeben.

Tipps: Das restliche Petersilienöl hält sich gut verschlossen 3–4 Tage im Kühlschrank. Das Öl kann auch für Salatdressings eingesetzt werden. Noch würziger wird das Petersilienöl, wenn Sie eine Knoblauchzehe abziehen, halbieren und mitpürieren.

Fischeintopf
mit Knoblauchcreme

8 Portionen | Pro Portion: E: **28** g, F: **25** g, Kh: **41** g, kJ: **2099**, kcal: **501**, BE: **3,5**

800 g TK-Fischfilet
  (z.B. Seelachsfilet)
400 g Möhren
400 g festkochende Kartoffeln

1 Fenchelknolle
1,6 l Fischfond

2 Knoblauchzehen
200 g Delikatessmayonnaise

Salz
gem. Pfeffer

8 kleine Brötchen

1 Fischfilets nach Packungs-anleitung auftauen lassen.

2 Möhren putzen. Möhren und Kartoffeln schälen, abspülen, abtropfen lassen und in kleine Würfel schneiden.

3 Fenchelknolle putzen, ab-spülen, abtropfen lassen, halbieren und in kleine Stücke schneiden. Etwas von dem Fen-chelgrün beiseitelegen.

4 Den Fischfond in einem großen Topf zum Kochen bringen. Kartoffel- und Möh-renwürfel und Fenchelstücke hinzufügen. Die Zutaten zum Kochen bringen und bei schwa-cher Hitze etwa 20 Minuten köcheln lassen.

5 In der Zwischenzeit Fischfilet unter fließen-dem kalten Wasser abspülen, trocken tupfen und in mund-gerechte Stücke schneiden. Die Fischstücke in den Eintopf geben und bei schwacher Hitze in etwa 10 Minuten darin gar ziehen lassen.

6 Knoblauch abziehen, durch eine Knoblauch-presse drücken oder in sehr kleine Würfel schneiden. Knob-lauch mit der Mayonnaise verrühren.

7 Den Eintopf mit Salz und Pfeffer abschmecken. Beiseitegelegtes Fenchelgrün abspülen, trocken tupfen und fein schneiden.

8 Fischeintopf mit Fenchel-grün bestreut servieren. Die Knoblauchmayonnaise und die Brötchen dazureichen.

Tipps: Ersetzen Sie die Mayonnaise durch saure Sahne oder Schmand. Diese dann mit etwas Salz und Zitronensaft abschmecken.

VEGAN

Linsen-Tomaten-Topf

4 Portionen | Pro Portion: E: **29** g, F: **8** g, Kh: **63** g, kJ: **1907**, kcal: **453**, BE: **5,0**

- 150 g grüne Linsen
- 150 g rote Linsen
- 150 g gelbe Linsen

- 2 Frühlingszwiebeln
- 400 g Tomaten
- 2 Bund glatte Petersilie
- 2–3 EL Olivenöl

- Salz
- gem. Pfeffer
- 500 ml vegane Gemüsebrühe

1 Die verschiedenen Linsen getrennt voneinander nach Packungsanleitung knapp bissfest garen (je nach Sorte 10–30 Minuten) und anschließend abtropfen lassen.

2 Die Frühlingszwiebeln putzen, abspülen, abtropfen lassen und in feine Scheiben schneiden. Die Tomaten abspülen, abtrocknen, halbieren und die Stängelansätze herausschneiden. Die Tomatenhälften grob würfeln.

3 Die Petersilie abspülen, trocken tupfen und die Blättchen von den Stängeln zupfen. Die Blättchen klein schneiden.

4 Das Olivenöl in einem Topf erhitzen. Frühlingszwiebelscheiben und Tomatenwürfel darin unter Rühren andünsten. Die roten, gelben und grünen Linsen mit der Petersilie hinzufügen. Die Linsen-Gemüse-Mischung mit Salz und Pfeffer kräftig würzen.

5 Die Gemüsebrühe hinzugießen. Die Zutaten zum Kochen bringen und zugedeckt bei schwacher Hitze etwa 5 Minuten köcheln lassen.

Tipps: Der bunte Linsentopf ist ideal, wenn Sie schon am Vortag wissen, dass die Zeit zum Kochen am nächsten Tag knapp ist. Garen Sie die Linsen nach Packungsanleitung. Stellen Sie die erkalteten Linsen bis zur Verwendung in den Kühlschrank.
Servieren Sie zu dem Eintopf geröstete Brotstreifen. Dafür schneiden Sie 2 Scheiben Sandwich-Toast jeweils in 4 Streifen. Geben Sie 1 Esslöffel Knoblauch-Olivenöl in eine Pfanne und rösten Sie die Brotstreifen darin bei mittlerer Hitze goldbraun. Die Brotstreifen mit etwas Salz und evtl. gerebeltem Thymian würzen.

Deutsch & deftig

Nach einem langen Herbst- und Winterspaziergang
gibt es nichts Besseres: Ein heißer Gulaschtopf oder
ein dampfender Erbseneintopf mit Würstchen wärmen
den Körper und die Seele. Geht natürlich auch mit
Steckrüben, Wirsing, Lamm und Kasseler.
Lecker!

Gulaschtopf

6–8 Portionen | Pro Portion: E: **34** g, F: **23** g, Kh: **26** g, kJ: **1905**, kcal: **456**, BE: **2,0**

1 kg Rindergulasch
Salz
gem. Pfeffer
2–3 EL Speiseöl
800 g Zwiebeln
2 TL Paprikapulver rosenscharf

800 g große, festkochende
  Kartoffeln
je 2 rote und gelbe Paprikaschoten
2 TL Kümmelsamen
2 EL Butter (zimmerwarm)

1 Bio-Zitrone (unbehandelt,
  ungewachst)
2 Knoblauchzehen

1 Bund Schnittlauch
150 g Crème fraîche

1 Gulasch mit Küchenpapier abtupfen, mit Salz und Pfeffer würzen. Speiseöl in einem großen Topf erhitzen. Gulasch darin evtl. in 2 Portionen von allen Seiten gut anbraten.

2 Die Zwiebeln abziehen, in Würfel schneiden, zum Gulasch geben und mit andünsten. Paprika daraufstäuben. So viel kaltes Wasser hinzugießen, dass das Fleisch knapp bedeckt ist. Die Zutaten zum Kochen bringen. Das Gulasch zugedeckt bei mittlerer Hitze etwa 1 Stunde köcheln lassen.

3 Die Kartoffeln schälen, abspülen, abtropfen lassen und in 2 cm große Würfel schneiden. Die Paprikaschoten halbieren, entstielen, entkernen und die weißen Scheidewände entfernen. Die Schotenhälften abspülen, abtropfen lassen und ebenfalls in etwa 2 cm große Würfel schneiden.

4 Kartoffel- und Paprikawürfel zum Gulasch geben. Das Ganze wieder zum Kochen bringen und zugedeckt bei mittlerer Hitze weitere etwa 30 Minuten köcheln lassen (falls erforderlich, etwas heißes Wasser hinzugießen).

5 Kümmel evtl. in einem Mörser zerdrücken, dann in eine Schüssel geben. Die Butter hinzugeben und unterarbeiten. Zitrone heiß abwaschen, abtrocknen und die Schale fein abreiben. Knoblauchzehen abziehen und durch eine Knoblauchpresse drücken. Zitronenschale und Knoblauch zur Kümmelbutter geben. Alles gut miteinander vermengen.

6 Den Gulaschtopf mit der Würzbutter pikant abschmecken. Schnittlauch abspülen, trocken tupfen und in Röllchen schneiden. Crème fraîche mit Schnittlauchröllchen bestreuen und zum Gulasch reichen.

Deftiger Kohltopf

8 Portionen I Pro Portion: E: **22** g, F: **30** g, Kh: **17** g, kJ: **1815**, kcal: **435**, BE: **1,5**

1 kg TK-Rosenkohl
500 g Spitzkohl
500 g Wirsing
500 g festkochende Kartoffeln

500 g Cabanossi oder
geräucherte Mettwürstchen
6 EL Speiseöl
2 l Gemüsebrühe

Salz
gem. Pfeffer
1–2 TL Kümmelsamen
2 Bund glatte Petersilie

1 Zunächst den Rosenkohl nach Packungsanleitung auftauen lassen.

2 Von dem Spitzkohl und dem Wirsing die groben äußeren Blätter entfernen, jeweils den Strunk herausschneiden. Spitzkohl und Wirsing abspülen, abtropfen lassen und in mundgerechte Stücke schneiden.

3 Kartoffeln schälen, abspülen, abtropfen lassen und in Würfel schneiden. Die Cabanossi oder Mettwürstchen evtl. enthäuten und in dünne Scheiben schneiden.

4 Jeweils etwas Speiseöl in einem großen Bräter erhitzen. Kartoffelwürfel, Spitzkohl-und Wirsingstücke, Rosenkohl und Wurstscheiben darin portionsweise unter Rühren andünsten.

5 Die Brühe hinzugießen. Die Zutaten mit Salz, Pfeffer und Kümmel würzen, zum Kochen bringen und zugedeckt bei schwacher Hitze etwa 35 Minuten köcheln lassen.

6 Petersilie abspülen und trocken tupfen. Die Blättchen von den Stängeln zupfen. Einige Blättchen zum Garnieren beiseitelegen. Restliche Blättchen klein schneiden und unter den Eintopf rühren.

7 Den deftigen Kohltopf vor dem Servieren mit Salz und Pfeffer abschmecken, mit den beiseitegelegten Petersilienblättchen garniert servieren.

Tipps: Möchten Sie den deftigen Kohltopf vegetarisch zubereiten, ersetzen Sie die Mettwurst durch geräucherten Tofu. Möchten Sie es noch würziger, schmecken Sie mit Rauchoder Selleriesalz ab.

Sauerkrauteintopf
mit Fischfilet

4 Portionen I Pro Portion: E: **24** g, F: **11** g, Kh: **20** g, kJ: **1196**, kcal: **286**, BE: **1,5**

500 g Kartoffeln
1 gestr. TL Salz
1 Zwiebel
2 EL Sonnenblumenöl
100 g gewürfelter Schinken
   (aus dem Kühlregal)
750 g abgetropftes Sauerkraut

750 ml Gemüsebrühe
1 TL schwarze Pfefferkörner
½ TL Wacholderbeeren
1 Lorbeerblatt
250 g Fischfilet (z. B. Seelachsfilet
   oder Kabeljau)

Salz
gem. Pfeffer
Zucker

1 EL Schnittlauchröllchen

1 Kartoffeln schälen, abspülen, abtropfen lassen und in kleine Würfel schneiden. Die Kartoffelwürfel knapp mit Wasser bedeckt zum Kochen bringen und das Salz hinzugeben. Kartoffelwürfel zugedeckt in etwa 15 Minuten gar kochen.

2 In der Zwischenzeit Zwiebel abziehen und würfeln. Das Öl in einem Topf erhitzen. Die Schinkenwürfel darin in 2–3 Minuten unter gelegentlichem Rühren anbraten. Zwiebelwürfel hinzugeben und alles unter Rühren 2–3 Minuten dünsten.

3 Sauerkraut dazugeben, kurz mitschmoren. Kartoffelwürfel abgießen. Kartoffelwürfel mit Brühe, Pfefferkörnern, Wacholderbeeren und Lorbeerblatt zum Sauerkraut geben. Alles zum Kochen bringen und zugedeckt bei mittlerer Hitze 15–20 Minuten köcheln lassen.

4 Das Fischfilet unter fließendem kalten Wasser abspülen, trocken tupfen und in mundgerechte Stücke schneiden. Fischstücke mit Salz und Pfeffer bestreuen, in den Sauerkrauteintopf geben und in 5–7 Minuten gar ziehen lassen.

5 Den Eintopf vorsichtig umrühren, mit Salz, Pfeffer und Zucker abschmecken. Den Eintopf mit Schnittlauchröllchen garniert servieren.

Weißkohleintopf
mit Kartoffeltalern

4 Portionen | Pro Portion: E: **16** g, F: **22** g, Kh: **46** g, kJ: **1880**, kcal: **449**, BE: **3,5**

600 g mehligkochende Kartoffeln
800 g Weißkohl
1 große Stange Porree (Lauch)
2 rote Paprikaschoten
6–8 EL Sonnenblumenöl

Salz
gem. Pfeffer
1 l vegane Gemüsebrühe
1 TL Kümmelsamen
4 EL Weizenmehl (Type 1050)

2 EL Sojamehl
(aus Reformhaus oder
Bioladen)
½ Bund glatte Petersilie

1 Die Kartoffeln unter fließendem Wasser abbürsten, knapp mit Wasser bedeckt, zugedeckt zum Kochen bringen und in etwa 20 Minuten gar kochen.

2 In der Zwischenzeit von dem Kohl die äußeren Blätter entfernen. Den Kohl je nach Größe halbieren oder vierteln. Kohlstücke abspülen und abtropfen lassen. Den Strunk herausschneiden, Kohl in feine Streifen schneiden.

3 Porree putzen, die Stange längs halbieren, gründlich waschen und abtropfen lassen. Porree zunächst in etwa 2 cm breite Stücke, dann längs in Streifen schneiden. Paprikaschoten halbieren, entstielen, entkernen und die weißen Scheidewände entfernen. Schotenhälften abspülen, abtropfen lassen und in mundgerechte Stücke schneiden.

4 2 Esslöffel vom dem Öl in einem Topf erhitzen. Porreestreifen und Paprikastücke darin unter gelegentlichem Rühren bei mittlerer Hitze anbraten, mit Salz und Pfeffer würzen. Porree und Paprika aus dem Topf nehmen.

5 Einen weiteren Esslöffel Öl in den Topf geben. Die Kohlstreifen darin bei mittlerer Hitze andünsten. Gemüsebrühe hinzugießen, mit Pfeffer und Kümmel würzen, alles aufkochen lassen und zugedeckt bei schwacher Hitze zunächst etwa 10 Minuten köcheln lassen.

6 Die garen Kartoffeln abgießen, mit kaltem Wasser abschrecken, abtropfen lassen und sofort pellen. Pellkartoffeln kurz abdampfen lassen, dann mit dem Kartoffelstampfer zerstampfen oder die Kartoffeln durch eine Kartoffelpresse drücken.

7 Nach den 10 Minuten Garzeit Porree- und Paprikastücke unter den Eintopf rühren. Die Zutaten nochmal kurz aufkochen lassen, dann zugedeckt bei schwacher Hitze weitere etwa 5 Minuten köcheln lassen.

8 Die Kartoffelmasse inzwischen mit den beiden Mehlsorten und ½ Teelöffel Salz verkneten. Aus dem Kartoffelteig 14 Taler (Ø 3–4 cm) formen. Restliches Öl in einer großen Pfanne erhitzen. Die Taler darin von beiden Seiten bei mittlerer Hitze in 4–5 Minuten hellbraun anbraten.

9 Petersilie abspülen, trocken tupfen. Blättchen von den Stängeln zupfen und fein hacken. Gehackte Petersilie unter den Eintopf rühren, mit den Gewürzen abschmecken. Kartoffeltaler 1–2 Minuten im Eintopf erwärmen.

Pichelsteiner

4 Portionen | Pro Portion: E: **28** g, F: **21** g, Kh: **21** g, kJ: **1640**, kcal: **391**, BE: **1,5**

- 500 g gemischte Fleischsorten aus Schulter oder Nacken (Lamm, Schwein, Rind)
- 2 Zwiebeln
- 30 g Butterschmalz oder 3 EL Speiseöl

- Salz
- gem. Pfeffer
- gerebelter Majoran
- gerebelter Liebstöckel
- 500 ml Fleisch- oder Gemüsebrühe

- 250 g Möhren
- 375 g festkochende Kartoffeln
- 350 g Porree (Lauch)
- 300 g Weißkohl

- 2 EL gehackte Petersilie

1 Fleisch mit Küchenpapier abtupfen und in etwa 2 cm große Würfel schneiden. Zwiebeln abziehen und in Scheiben schneiden.

2 Butterschmalz oder Öl in einem Topf erhitzen. Die Fleischwürfel darin unter Rühren rundherum braun anbraten. Dann die Zwiebelscheiben hinzufügen und kurz darin mit anbraten.

3 Das Fleisch mit Salz, Pfeffer, Majoran und Liebstöckel würzen. Die Brühe hinzugießen. Die Zutaten zum Kochen bringen und zugedeckt bei mittlerer Hitze etwa 40 Minuten köcheln lassen.

4 In der Zwischenzeit die Möhren putzen, schälen, abspülen und abtropfen lassen. Kartoffeln schälen, abspülen und abtropfen lassen. Beides in Würfel schneiden.

5 Porree putzen, die Stangen längs einschneiden, gründlich waschen und abtropfen lassen. Porree in Scheiben schneiden. Von dem Kohl die äußeren Blätter entfernen. Den Kohl vierteln und den Strunk herausschneiden. Den Kohl in schmale Streifen schneiden, abspülen und abtropfen lassen.

6 Das vorbereitete Gemüse zusammen mit den Kartoffeln zu dem Fleisch in den Topf geben. Die Zutaten wieder zum Kochen bringen, mit Salz und Pfeffer würzen und zugedeckt bei mittlerer Hitze weitere etwa 20 Minuten köcheln lassen.

7 Den Pichelsteiner vor dem Servieren mit den Gewürzen abschmecken und mit Petersilie bestreuen.

Tipps: Geben Sie zusätzlich noch 1 Pastinake oder 1 Petersilienwurzel in den Eintopf. Dafür die Pastinake oder die Petersilienwurzel putzen, schälen, abspülen, abtropfen lassen und in Würfel schneiden. Die Pastinaken- oder Petersilienwurzelwürfel zusammen mit dem vorbereiteten Gemüse unter Punkt 6 hinzugeben.

Grünkerntopf
mit Steinpilzen

4 Portionen | Pro Portion: E: **17** g, F: **23** g, Kh: **38** g, kJ: **1842**, kcal: **440**, BE: **3,0**

- 1 Bund Suppengrün
  (Möhre, Sellerie, Porree)
- 2 Knoblauchzehen
- 100 g Schinkenspeck
- 2 EL Olivenöl

- 200 g Grünkern
- 100 ml trockener Weißwein
  (z. B. Riesling)
- 2 l Fleischbrühe
- Salz

- gem. Pfeffer
- 400 g Steinpilze
- 1 Bund glatte Petersilie
- 2 EL Butter

1 Das Suppengrün putzen, abspülen, abtropfen lassen. Möhre und Sellerie in kleine Würfel schneiden. Porree in kleine Stücke schneiden. Den Knoblauch abziehen und durch eine Knoblauchpresse drücken. Schinkenspeck in feine Streifen schneiden.

2 Olivenöl in einem Topf erhitzen. Möhren-, Selleriewürfel, Porreestücke und Knoblauch darin andünsten. Speckstreifen hinzugeben und unter Rühren kurz mitdünsten.

3 Grünkern unterrühren und kurz mit andünsten. Zunächst den Weißwein, dann die Fleischbrühe hinzugießen. Die Zutaten mit Salz und Pfeffer würzen, zum Kochen bringen. Den Eintopf zugedeckt bei mittlerer Hitze etwa 30 Minuten köcheln lassen.

4 In der Zwischenzeit die Steinpilze putzen und mit Küchenpapier abreiben, evtl. kurz abspülen und trocken tupfen. Kleinere Pilze halbieren, größere Pilze in Scheiben schneiden. Petersilie abspülen und trocken tupfen. Die Blättchen von den Stängeln zupfen. Blättchen klein schneiden.

5 Butter in einer Pfanne zerlassen. Pilze darin unter Wenden kurz anbraten, mit Salz und Pfeffer würzen. Die vorbereitete Petersilie hinzugeben und unterrühren.

6 Den Eintopf in tiefen Tellern anrichten. Die Steinpilze darauf verteilen.

Tipp: Möchten Sie den Eintopf ohne Alkohol zubereiten, geben Sie einfach mehr Fleischbrühe hinzu.

Sieben-Pfund-Topf

10–12 Portionen | Pro Portion: E: **37** g, F: **25** g, Kh: **15** g, kJ: **1804**, kcal: **430**, BE: **1,0**

- 500 g Kasseler (ohne Knochen)
- 500 g Champignons
- 500 g Gemüsezwiebeln
- 500 g rote Paprikaschoten

- je 500 g Rinder- und Schweinegulasch
- 500 g Thüringer Mett (gewürztes Schweinemett)

- 250 ml Schaschliksauce
- 250 ml Zigeunersauce

1 Kasseler mit Küchenpapier abtupfen, in etwa 1½ cm große Würfel schneiden.

2 Den Backofen vorheizen. Ober-/Unterhitze: etwa 200 °C, Heißluft: etwa 180 °C.

3 Champignons putzen, mit Küchenpapier abreiben, evtl. abspülen, trocken tupfen und in Scheiben schneiden. Zwiebeln abziehen, halbieren und in Streifen schneiden.

4 Paprikaschoten halbieren, entstielen, entkernen und die weißen Scheidewände entfernen. Schotenhälften abspülen, abtropfen lassen und ebenfalls in Streifen schneiden.

5 Rinder- und Schweinegulasch in eine große Schüssel geben und mit dem Mett vermischen. Schaschlik- und Zigeunersauce in eine Schüssel geben und miteinander verrühren.

6 Die Gulasch-Mett-Mischung mit den Kasselerwürfeln, Champignonscheiben, Zwiebel- und Paprikastreifen in einen großen Bräter schichten. Je etwas von der Schaschlik-Zigeunersauce-Mischung auf die einzelnen Schichten geben.

7 Den Bräter mit dem Deckel verschließen und auf dem Rost im unteren Drittel in den vorgeheizten Backofen schieben.

8 Den Sieben-Pfund-Topf **etwa 1 Stunde und 30 Minuten garen,** dabei jeweils nach etwa 20 Minuten die Zutaten vorsichtig umrühren.

Tipp: Den Sieben-Pfund-Topf mit Petersilienkartoffeln reichen. Oder einfach Vollkorn-Baguette dazuservieren.

Rindfleisch-Wirsing-Topf

4 Portionen | Pro Portion: E: **32** g, F: **16** g, Kh: **19** g, kJ: **1469**, kcal: **350**, BE: **1,5**

500 g Rindfleisch (aus der Hüfte)
2 Zwiebeln
30 g Schweineschmalz oder
  3 EL Speiseöl

Salz
gem. Pfeffer
gem. Kümmelsamen
750 ml heiße Gemüsebrühe

1 kg Wirsing
375 g festkochende Kartoffeln

einige Stängel Thymian

1 Rindfleisch mit Küchenpapier abtupfen und in etwa 2 cm große Würfel schneiden. Zwiebeln abziehen, halbieren und in Scheiben schneiden.

2 Schmalz oder Speiseöl in einem großen Topf erhitzen. Die Fleischwürfel darin von allen Seiten leicht anbraten. Zwiebelscheiben hinzufügen und kurz mit anbraten, anschließend mit Salz, Pfeffer und Kümmel würzen.

3 Die Gemüsebrühe hinzugießen. Die Zutaten zum Kochen bringen und zugedeckt bei schwacher Hitze etwa 30 Minuten köcheln lassen.

4 In der Zwischenzeit von dem Wirsing die groben, äußeren Blätter entfernen. Wirsing abspülen, abtropfen lassen, halbieren, vierteln und den Strunk herausschneiden. Wirsing in Streifen schneiden. Die Kartoffeln schälen, abspülen, abtropfen lassen und in Scheiben schneiden.

5 Zunächst die Wirsingstreifen auf das Fleisch in dem Topf geben, dann die Kartoffelscheiben. Die Zutaten zum Kochen bringen, zugedeckt bei mittlerer Hitze weitere etwa 20 Minuten garen.

6 Thymian abspülen, trocken tupfen und die Blättchen von den Stängeln zupfen. Den Eintopf nochmals mit den Gewürzen abschmecken und mit Thymianblättchen bestreut servieren.

Tipps: Zum Eintopf in Butter geröstete Schwarzbrotwürfel reichen. Den Eintopf statt mit Thymian mit Petersilie bestreuen.

Erbseneintopf
mit Würstchen

3–4 Portionen | Pro Portion: E: **19** g, F: **22** g, Kh: **27** g, kJ: **1586**, kcal: **378**, BE: **2,0**

- 250 g mehligkochende Kartoffeln
- 2 Zwiebeln
- 2–3 EL Speiseöl
- 450 g TK-Erbsen oder frische, vorbereitete Erbsen
- 1 l Gemüsebrühe

- 1 TL gerebelter Majoran
- Salz
- gem. Pfeffer

- 4 Wiener Würstchen

- 1–2 EL fein geschnittene glatte Petersilie

1 Kartoffeln schälen, abspülen, abtropfen lassen und in Würfel schneiden. Die Zwiebeln abziehen, halbieren und ebenfalls würfeln.

2 Speiseöl in einem Topf erhitzen. Zwiebel- und Kartoffelwürfel darin unter Rühren andünsten. Die Erbsen unterrühren, dann die Gemüsebrühe hinzugießen.

3 Die Zutaten zum Kochen bringen und zugedeckt bei mittlerer Hitze etwa 25 Minuten köcheln lassen.

4 Den Eintopf mit Majoran, Salz und Pfeffer abschmecken. Die Würstchen in Scheiben schneiden, in den Eintopf geben und kurz miterhitzen. Den Eintopf mit Petersilie garniert servieren.

Tipps: Nach Belieben können Sie den Erbseneintopf mit einem Klecks Crème fraîche verfeinern. Möchten Sie den Erbseneintopf pürieren, geben Sie die Würstchenscheiben erst anschließend hinein. Gästetauglich wird der Erbseneintopf, wenn Sie statt der Würstchenscheiben gebratenes, in Scheiben geschnittenes Lammfilet und kross gebratene Knoblauchscheiben mit hineingeben.

Wirsingeintopf
mit grünen Bohnen

2–3 Portionen I Pro Portion: E: **37** g, F: **22** g, Kh: **30** g, kJ: **1939**, kcal: **462**, BE: **3,0**

400 g Wirsing
150 g grüne Bohnen
400 g festkochende Kartoffeln

400 g Kasseler (ohne Knochen)
1 l Fleischbrühe
2 EL Speiseöl

Salz
gem. Pfeffer
ger. Muskatnuss

1 Vom Wirsing die groben, äußeren Blätter entfernen. Wirsing abspülen, abtropfen lassen, halbieren, evtl. vierteln und den Strunk herausschneiden. Wirsing in schmale Streifen schneiden.

2 Von den Bohnen die Enden abschneiden. Bohnen evtl. abfädeln, abspülen, abtropfen lassen und in Stücke schneiden oder brechen. Die Kartoffeln schälen, abspülen, abtropfen lassen und in Würfel schneiden.

3 Das Fleisch mit Küchenpapier abtupfen. Die Brühe in einem Topf erhitzen. Fleisch hinzugeben und zugedeckt bei mittlerer Hitze etwa 15 Minuten köcheln lassen.

4 In der Zwischenzeit Speiseöl in einem zweiten Topf erhitzen. Die Wirsingstreifen und Bohnenstücke darin 5–8 Minuten unter gelegentlichem Rühren andünsten.

5 Zunächst die Kartoffelwürfel, dann das angedünstete Gemüse zum Fleisch in den Topf geben, mit wenig Salz und Pfeffer würzen. Den Eintopf zugedeckt weitere etwa 15 Minuten leicht köcheln lassen.

6 Zum Ende der Garzeit das Fleisch aus dem Eintopf nehmen, etwas abkühlen lassen. Das Fleisch in kleine Würfel schneiden. Fleischwürfel wieder in den Eintopf geben und kurz erwärmen.

7 Vor dem Servieren den Eintopf nochmals mit Salz, Pfeffer und Muskat abschmecken.

Tipps: Zusätzlich noch mit Butter bestrichene Bauernbrotscheiben dazureichen. Statt frischer, grüner Bohnen können Sie ebenso gut TK-Bohnen verwenden. Die angetauten, klein geschnittenen Bohnen brauchen nicht mit angedünstet zu werden.

Steckrübeneintopf

4 Portionen I Pro Portion: E: **26** g, F: **13** g, Kh: **27** g, kJ: **1417**, kcal: **338**, BE: **2,0**

- 500 g Kasseler (ohne Knochen)
- 2 Zwiebeln
- 1 EL Speiseöl
- Salz

- gem. Pfeffer
- 500 ml Gemüsebrühe
- 750 g Steckrübe
- 500 g festkochende Kartoffeln

- 1 EL gehackte Petersilie oder Kerbel

1 Kasseler mit Küchenpapier abtupfen und in kleine Würfel schneiden. Zwiebeln abziehen, halbieren und ebenfalls klein würfeln.

2 Speiseöl in einem Topf erhitzen. Fleischwürfel darin von allen Seiten hellbraun anbraten. Die Zwiebelwürfel hinzufügen und kurz mitdünsten, mit Salz und Pfeffer würzen.

3 Etwa die Hälfte der Gemüsebrühe hinzugießen. Die Zutaten zum Kochen bringen. Die Fleischwürfel zugedeckt bei mittlerer Hitze etwa 10 Minuten köcheln lassen.

4 In der Zwischenzeit Steckrübe und Kartoffeln schälen, abspülen, abtropfen lassen und in gleichmäßige Stifte schneiden.

5 Steckrüben-, Kartoffelstifte und die restliche Brühe zu den Fleischwürfeln in den Topf geben. Den Eintopf mit Salz und Pfeffer würzen, wieder zum Kochen bringen und zugedeckt bei mittlerer Hitze weitere etwa 20 Minuten köcheln lassen.

6 Vor dem Servieren den Steckrübeneintopf nochmals mit den Gewürzen abschmecken, mit Petersilie oder Kerbel bestreut servieren.

Tipps: Schmecken Sie den Eintopf mit mittelscharfem Senf ab. Würzen Sie den Eintopf nach Belieben zusätzlich mit gerebeltem Majoran oder bestreuen Sie ihn vor dem Servieren mit 1–2 abgespülten, abgetropften und dann in feine Scheiben geschnittenen Frühlingszwiebeln.

Lamm- oder Wildeintopf
mit Pilzen und Wirsing

4–6 Portionen | Pro Portion: E: **41** g, F: **26** g, Kh: **24** g, kJ: **2061**, kcal: **492**, BE: **2,0**

50 g getrocknete Mischpilze
150 ml lauwarmes Wasser

750 g Lamm- oder Wildkeule,
 -schulter oder -hals (ohne Knochen)
1 Bund Suppengrün
 (Möhre, Sellerie, Porree)

2 mittelgroße Zwiebeln
2 Knoblauchzehen
3 EL Olivenöl
Salz
gem. Pfeffer
500 ml Lamm- oder Wildlfond

500 g Wirsing

Salzwasser
400 g kleine Kartoffeln
2 Stängel Thymian
1 getrocknete Chilischote

2–3 Scheiben Toastbrot
2 Knoblauchzehen
30 g Butter

1 Pilze in eine kleine Schüssel geben und mit dem Wasser übergießen. Pilze etwa 15 Minuten einweichen lassen.

2 Das Fleisch in der Zwischenzeit mit Küchenpapier abtupfen und in etwa 3 cm große Würfel schneiden. Suppengrün putzen, abspülen, abtropfen lassen und in Würfel schneiden. Zwiebeln abziehen, halbieren und in feine Streifen schneiden. Knoblauchzehen abziehen und durch eine Knoblauchpresse drücken.

3 Das Öl in einem großen Topf erhitzen. Fleischwürfel darin evtl. portionsweise rundherum anbraten, mit Salz und Pfeffer würzen. Suppengemüse, Zwiebeln und Knoblauch hinzugeben, kurz mit anbraten.

4 Fond hinzugießen. Den Bratenansatz unter Rühren vom Topfboden loskochen.

5 Die Pilze in einem Sieb abtropfen lassen, dabei das Einweichwasser auffangen.

6 Das Einweichwasser durch ein sehr feines Sieb oder eine Kaffeefiltertüte abseihen, dabei das Einweichwasser wieder auffangen (so kann evtl. an den Pilzen anhaftender Sand gut entfernt werden).

6 Die Pilze und das aufgefangene Einweichwasser mit in den Topf geben. Den Eintopf zugedeckt bei mittlerer Hitze etwa 45 Minuten köcheln lassen.

7 In der Zwischenzeit vom Wirsing die groben äußeren Blätter entfernen. Wirsing halbieren oder vierteln, den Strunk herausschneiden. Wirsing abspülen, abtropfen lassen und in feine Streifen schneiden.

8 Salzwasser in einem Topf zum Kochen bringen. Die Wirsingstreifen darin kurz blanchieren, anschließend mit eiskaltem Wasser abschrecken und in einem Sieb gut abtropfen lassen.

9 Kartoffeln schälen, abspülen, abtropfen lassen

und halbieren. Thymian abspülen, trocken tupfen und die Blättchen von den Stängeln zupfen. Chilischote zerbröseln. Kartoffelhälften, Thymian und Chili zum Eintopf geben, unterrühren, zugedeckt bei mittlerer Hitze weitere etwa 15 Minuten köcheln lassen.

10 Die Wirsingstreifen hinzugeben. Eintopf zugedeckt weitere etwa 15 Minuten köcheln lassen.

11 Inzwischen die Toastbrotscheiben in etwa 1 cm große Würfel schneiden. Knoblauch abziehen und leicht zerdrücken. Die Butter in einer Pfanne zerlassen. Brotwürfel und Knoblauch darin unter ständigem Rühren anrösten, mit Salz und Pfeffer würzen.

12 Den Eintopf zum Servieren mit Salz und Pfeffer abschmecken. Geröstete Brotwürfel dazuservieren.

Gemüseeintopf
aus Vierlanden

6 Portionen | Pro Portion: E: **57** g, F: **32** g, Kh: **42** g, kJ: **2868**, kcal: **684**, BE: **3,0**

1 kg Kalbsbrust
100 g Kalbsknochen
Salz
1 TL grob zerdrückte Pfefferkörner
1 Lorbeerblatt
1 Bund Möhren
1 Bund gelbe Möhren

1 kg weißer Spargel

Für die Hackbällchen:
500 g Kalbsgehacktes
gem. Pfeffer
1 Ei (Größe M)
1 TL mittelscharfer Senf

1 Bund Schnittlauch

2 ½ l Wasser
2 ½ gestr. TL Salz
250 g kleine Muschelnudeln

1 Bund Petersilie

1 Kalbsbrust und Kalbsknochen mit Küchenpapier abtupfen, in einen hohen Topf geben. So viel kaltes Wasser hinzugießen, dass das Fleisch gut bedeckt ist. Das Ganze zum Kochen bringen und abschäumen. Salz, Pfefferkörner und Lorbeerblatt hinzugeben. Kalbsbrust und -knochen mit leicht geöffnetem Deckel etwa 1 Stunde und 30 Minuten bei schwacher Hitze leicht köcheln lassen.

2 In der Zwischenzeit Möhren putzen, schälen, abspülen, abtropfen lassen und in Scheiben schneiden. Den Spargel von oben nach unten schälen. Dabei darauf achten, dass die Schalen vollständig entfernt, die Köpfe aber nicht verletzt werden. Die unteren Enden abschneiden (holzige Stellen vollkommen entfernen). Stangen in etwa 3 cm lange Stücke schneiden, abspülen und abtropfen lassen.

3 Kalbsgehacktes in eine Schüssel geben. Salz, Pfeffer, Ei und Senf hinzugeben und gut unterkneten. Schnittlauch abspülen, trocken tupfen und in feine Röllchen schneiden. Schnittlauchröllchen unter die Hackfleischmasse arbeiten. Aus der Hackfleischmasse mit angefeuchteten Händen kleine Bällchen formen. Diese bis zur Weiterverarbeitung zugedeckt in den Kühlschrank stellen.

4 Wasser in einem großen Topf zugedeckt zum Kochen bringen. Salz und Nudeln hinzugeben. Nudeln im geöffneten Topf bei mittlerer Hitze nach Packungsanleitung bissfest kochen, dabei gelegentlich umrühren. Anschließend die Nudeln in ein Sieb geben, mit heißem Wasser abspülen und abtropfen lassen.

5 Petersilie abspülen und trocken tupfen. Die Blättchen von den Stängeln zupfen. Blättchen klein schneiden. Das gare Fleisch aus der Brühe nehmen, in Scheiben schneiden und warm stellen.

6 Brühe durch ein Sieb gießen und wieder in den Topf geben. Möhrenscheiben und Spargelstücke hinzugeben, evtl. etwas Wasser hinzufügen. Die Zutaten zum Kochen bringen und zugedeckt bei mittlerer Hitze etwa 15 Minuten köcheln lassen.

7 Die Hackbällchen in die Brühe geben und bei schwacher Hitze in etwa 10 Minuten gar ziehen lassen.

8 Muschelnudeln unter den Eintopf rühren, kurz miterwärmen. Gemüseeintopf mit Salz und Pfeffer abschmecken. Die Fleischscheiben in den Eintopf geben. Den Eintopf mit Petersilie bestreuen und servieren.

Tipp: Dazu schmeckt mit Butter bestrichenes und mit Schnittlauchröllchen bestreutes Bauernbrot sehr lecker.

Eintopf „Königsberger Art"

6 Portionen | Pro Portion: E: **24** g, F: **32** g, Kh: **19** g, kJ: **1933**, kcal: **462**, BE: **1,5**

Für den Eintopf:
2 Zwiebeln
2 Möhren
2 Stangen Staudensellerie
400 g festkochende Kartoffeln
1 Bio-Zitrone (unbehandelt, ungewachst)
2 EL Butter oder Margarine
Salz
2 Msp. Cayennepfeffer
1 l Geflügel- oder Gemüsebrühe

200 g Schlagsahne
1 Msp. gem. Piment
3–4 Lorbeerblätter

Für die Klopse:
30 g abgetropfte feine Kapern
1 Zwiebel
6 abgetropfte Sardellenfilets
500 g Gehacktes (halb Rind-/ halb Schweinefleisch)
1 TL mittelscharfer Senf

1 Ei (Größe M)
50 g Magerquark
2 EL Semmelbrösel
Salz
gem. Pfeffer
ger. Muskatnuss

Zucker
2 EL fein gehackte Petersilie

1 Für den Eintopf Zwiebeln abziehen, halbieren und in feine Streifen schneiden. Möhren putzen, schälen, abspülen und abtropfen lassen. Möhren in dünne Scheiben schneiden. Staudensellerie putzen, abspülen und abtropfen lassen. Sellerie in etwa 1 cm breite Stücke schneiden.

2 Kartoffeln schälen, abspülen, abtropfen lassen und in Stücke schneiden. Zitrone heiß abwaschen, abtrocknen, die Schale abreiben. Zitrone halbieren, den Saft auspressen und zum Abschmecken beiseitestellen.

3 Butter oder Margarine in einem großen, weiten, ofenfesten Topf erhitzen. Das vorbereitete Gemüse (ohne die Kartoffelwürfel) hinzugeben, 4–5 Minuten unter Rühren andünsten, mit Salz und Cayennepfeffer würzen.

4 Brühe und Sahne hinzugießen. Dann Kartoffelwürfel, Piment, Lorbeerblätter und Zitronenschale unterrühren. Den Eintopf zugedeckt bei schwacher Hitze etwa 15 Minuten köcheln lassen.

5 In der Zwischenzeit von den Kapern das Wasser auffangen. Die Kapern für den Eintopf beiseitelegen. Zwiebel abziehen. Zwiebel und Sardellen fein würfeln, zusammen mit den restlichen Klopszutaten und dem Kapernwasser in eine Schüssel geben.

6 Die Zutaten gründlich vermengen, mit Salz, Pfeffer und Muskat würzen. Mit angefeuchteten Händen aus der Hackfleischmasse etwa 24 Klopse formen.

7 Den Backofen vorheizen. Ober-/Unterhitze: 200 °C, Heißluft: 180 °C.

8 Die Klopse vorsichtig in den Eintopf geben. Beiseitegelegte Kapern hinzugeben. Falls erforderlich, noch etwas heiße Brühe hinzugießen, sodass die Klopse mit Flüssigkeit bedeckt sind.

9 Den Topf zugedeckt auf dem Rost im unteren Drittel in den vorgeheizten Backofen schieben. Den Eintopf **etwa 30 Minuten garen.** Dann die Lorbeerblätter entfernen.

10 Zum Servieren den Eintopf mit Salz, Cayennepfeffer, Zucker und beiseitegestellten Zitronensaft abschmecken, mit Petersilie bestreuen und servieren.

Tipp: Servieren Sie eingelegte Rote Bete dazu.

Wintereintopf

4 Portionen I Pro Portion: E: **23** g, F: **3** g, Kh: **68** g, kJ: **1656**, kcal: **392**, BE: **5,5**

250 g getrocknete kleine,
  weiße Bohnen
Wasser

1 Zwiebel
5 feine Stängel Liebstöckel
1 ½–2 l vegane Gemüsebrühe

1 Lorbeerblatt
150 g Perlgraupen

50 g Staudensellerie
100 g Porree (Lauch)
250 g Möhren
200 g Wirsing

100 g Backobst
Salz
gem. schwarzer Pfeffer

4 EL ger. Meerrettich

Salz

1 Am Vortag die Bohnen in einer Schüssel mit kaltem Wasser übergießen, sodass sie ganz bedeckt sind. Die Bohnen über Nacht einweichen.

2 Am nächsten Tag die eingeweichten Bohnen abtropfen lassen. Zwiebel abziehen. Liebstöckel abspülen, trocken tupfen. Brühe mit Bohnen, Lorbeerblatt, 2 Stängeln Liebstöckel und der ganzen Zwiebel in einem großen Topf zum Kochen bringen. Die Zutaten mit leicht geöffnetem Deckel bei mittlerer Hitze etwa 45 Minuten köcheln lassen, bis die Bohnen weich sind (die Packungsanleitung beachten).

3 Inzwischen die Graupen nach Packungsanleitung zubereiten. Anschließend die Graupen in ein Sieb abgießen, mit kaltem Wasser abspülen und abtropfen lassen.

4 Staudensellerie putzen. Sellerie abspülen, abtropfen lassen und in dünne Scheiben schneiden. Porree putzen, Stange längs halbieren, gründlich waschen, abtropfen lassen, in dünne Streifen schneiden. Die Möhren putzen, schälen, abspülen, abtropfen lassen und klein würfeln.

5 Wirsing putzen, abspülen, abtropfen lassen, evtl. den Strunk herausschneiden. Von den Wirsingblättern die dicken Rippen entfernen. Blätter in kleine Stücke schneiden. Backobst fein würfeln.

6 Zwiebel, Lorbeerblatt und Liebstöckel aus der Brühe nehmen. Sellerie-, Porreescheiben, Möhrenwürfel und Wirsingstücke zu der Brühe mit den Bohnen geben, mit Salz und Pfeffer würzen. Den Eintopf wieder zum Kochen bringen und bei schwacher Hitze weitere etwa 15 Minuten ohne Deckel köcheln lassen.

7 Von den restlichen Liebstöckelstängeln die Blätter abzupfen und grob zerschneiden. Die Graupen in den Eintopf geben und miterhitzen. Zuletzt Backobstwürfel unterheben. Den Eintopf in Tellern anrichten. Meerrettich daraufstreuen oder separat dazuservieren.

Linseneintopf
mit Mettwürstchen

4 Portionen | Pro Portion: E: **33** g, F: **38** g, Kh: **45** g, kJ: **2846**, kcal: **682**, BE: **3,5**

1 Bund Suppengrün
  (Möhre, Sellerie, Porree)
250 g getrocknete Tellerlinsen
375 g festkochende Kartoffeln
2 Zwiebeln

2 EL Sonnenblumenöl
1 ½ l Fleisch- oder Gemüsebrühe
4 Mettwürstchen (Rauchenden,
  je etwa 90 g)
Weißweinessig

Salz
gem. Pfeffer
1 Prise Zucker
2 EL grob gehackte Petersilie

1 Suppengrün putzen, abspülen, abtropfen lassen und in kleine Stücke schneiden.

2 Die Tellerlinsen in ein Sieb geben und mit kaltem Wasser abspülen. Kartoffeln schälen, abspülen, abtropfen lassen und in Würfel schneiden. Zwiebeln abziehen, halbieren und in Streifen schneiden.

3 Öl in einem Topf erhitzen. Vorbereitetes Gemüse und Kartoffeln darin unter Rühren andünsten. Fleisch- oder Gemüsebrühe und Linsen hinzugeben. Die Zutaten zum Kochen bringen und zugedeckt bei mittlerer Hitze etwa 40 Minuten köcheln lassen.

4 Die Mettwürstchen in Scheiben schneiden und kurz vor dem Ende der Garzeit in den Topf geben und darin miterhitzen.

5 Den Eintopf mit Essig, Salz, Pfeffer und etwas Zucker abschmecken. Linseneintopf mit Petersilie bestreut servieren.

Tipp: Nach Belieben 1 Lorbeerblatt mitkochen und vor dem Servieren herausnehmen.

Ratgeber

Eintöpfe erfreuen sich seit Jahrhunderten großer Beliebtheit. Kein Wunder – sie sind einfach zuzubereiten, köcheln gemütlich vor sich hin und wenn sie dann auf dem Tisch stehen, machen sie satt und glücklich. Hier noch einige wertvolle Tipps und Tricks:

Der Dauerbrenner

Manche Rezepte werden von Generation zu Generation weitergegeben, manche kommen aus anderen Kulturen und bereichern den Speiseplan. Eintöpfe werden nie langweilig, denn unterschiedliche Zutaten und Gewürze ermöglichen eine große Geschmacksvielfalt. Auch vegetarische und vegane Eintöpfe werden immer beliebter – sie bekommen durch angeröstete Zwiebeln, Tomaten und Knoblauch einen herzhaften Geschmack.

Die Zutaten

Frische schmeckt man immer: Deshalb saisonales Gemüse am besten direkt vom Markt verwenden – das ist vitaminreich, lecker und aromatisch. Damit das auch so bleibt, sollte man Eintöpfe nicht wesentlich länger garen, als in den Rezepten angegeben. Sonst sinkt der Vitamingehalt, und auch die Farbe des Gerichtes leidet. Wird eine größere Menge zubereitet, damit man den Rest einfrieren kann, sollte der Eintopf etwas kürzer gegart werden – beim Erwärmen wird ja wieder weiter gegart.

Das Küchengerät

Das Wichtigste zuerst: ein ausreichend großer Topf mit einem gut schließenden Deckel. Für einige Rezepte wird außerdem eine Pfanne benötigt, damit Zutaten separat angebraten werden können. Wenn dann noch ein großer Rührlöffel und eine Suppenkelle zum Abschöpfen zur Hand sind, kann es losgehen!

Die Menge

So kann man richtig planen:
Die Rezepte sind für unterschiedliche Personenzahlen angegeben und können passend
ausgewählt werden. Natürlich
lassen sich alle Rezepte leicht
halbieren oder verdoppeln –
das verändert dann die Zeitpla-
nung. Bei kleineren Portionen
dauert das „Gemüseschnippeln"
nicht so lange wie angegeben
und die Zubereitungszeit ver-
ringert sich entsprechend.

Bei der Verdoppelung der
Rezepte ist das anders: Mit
der Menge der Zutaten ist
mehr Zeit für die Vorbereitung
wie Gemüse putzen und klein
schneiden erforderlich – die
eigentlichen Garzeiten aber
ändern sich nicht. Allerdings
dauert es dann etwas länger,
bis alle Zutaten zum Kochen
gebracht werden.

Das ist wichtig: Wer eine große
Menge zubereitet, sollte den
fertigen Eintopf schnell abkühlen, damit er nicht sauer wird.
Auch hier gilt: Den Eintopf
nicht völlig durchgaren, da er
beim Erhitzen weitergart. Nach
der Zubereitung möglichst in
kleinere Behälter füllen, die
kalt gestellt aufbewahrt werden müssen.

Das Würzen

Vorsicht – bei der Zubereitung
die Eintöpfe nicht zu viel sal-
zen. Wenn die Flüssigkeit ein-
kocht, wird das Gericht schnell
zu salzig. Besser bei Bedarf vor
dem Servieren nachwürzen.
Abgeschmeckt und nachge-
würzt werden sollten Eintöpfe
auf jeden Fall beim Wieder-
erhitzen im Topf oder in der
Mikrowelle.

Das Einfrieren

Bei Eintöpfen kann man sofort
eine größere Menge zubereiten.
Dann lohnt sich der Aufwand
doppelt und dreifach, denn
normalerweise können die
Reste gut eingefroren werden.
Ausnahme: Eintöpfe, in denen
Kartoffeln enthalten sind, eignen sich nicht gut zum Einfrieren. Die Kartoffeln werden
glasig, sehen nach dem Auftau-
en nicht mehr appetitlich aus

und geschmacklich lassen sie
zu wünschen übrig. Auch bei
Nudeln und Reis empfiehlt es
sich, diese Zutaten separat erst
beim Erwärmen hinzuzugeben.

Das Aufwärmen

Unbedingt zu empfehlen: Die
meisten Eintöpfe schmecken
aufgewärmt noch mal so gut.
Die abgekühlten Reste einfach
zugedeckt in den Kühlschrank
stellen und innerhalb des
nächsten Tages verzehren.
Beim Erwärmen etwas Wasser
oder Brühe hinzufügen – dann
setzt der Eintopf nicht so
schnell an. Außerdem dicken
viele Eintöpfe leicht nach und
bekommen mit etwas Wasser
oder Brühe wieder die ge-
wünschte Konsistenz. Wird der
Eintopf in der Mikrowelle er-
wärmt, ist es wichtig, die ganze
Portion gut zu erhitzen, damit
evtl. Keime abgetötet werden.

Alphabetisches Register

A
Afrikanischer Eintopf mit Kochbanane ●....... 20
Ajvar-Zucchini-Topf ●...................... 50
„Arme-Leute-Parmesan", Tortellini-Eintopf mit ... 32
Asia-Gemüseeintopf mit Hackbällchen 12

B
Barbecue-Tofu-Eintopf.................... 38
Bohnen-Gemüse-Topf, italienischer ●......... 24
Bunter Eintopf (Titelrezept)................ 70

C
Chili sin carne........................... 60
Chinakohleintopf 80
Currytopf mit Kokosmilch.................. 36

D
Dal, indischer 42
Deftiger Kohltopf 94

E/F
Eintopf „Königsberger Art" 118
Eintopf mit Kochbanane, afrikanischer ●....... 20
Eintopf vom freilaufenden Mistkratzer 78
Eintopf von 4 Wurzelgemüsen 84
Erbseneintopf mit Würstchen............... 108
Fischeintopf mit Knoblauchcreme 86

G
Galizischer Gemüsetopf mit Sobrasada 44
Gemüseeintopf aus Vierlanden............... 116
Gemüseeintopf mit Bratwurstbällchen 74
Gemüseeintopf mit Nudeln, grüner 62
Gemüseeintopf „Querbeet" ●................ 58
Gemüsetopf mit Sobrasada, galizischer......... 44
Graupencurry mit Sonnenblumenkernen ●...... 14
Graupentopf mit Hähnchen................. 72
Grüner Gemüseeintopf mit Nudeln 62
Grünkerneintopf mit Steinpilzen 102
Grünkohl-Curry-Topf ●................... 48
Gulaschtopf.............................. 92

H/I
Hähnchenfleischtopf mit Paprika.............. 82
Indischer Dal............................ 42
Italienischer Bohnen-Gemüse-Topf ●.......... 24

K
Kaninchen-Chorizo-Topf, spanischer 10
Kanincheneintopf......................... 76
Kartoffelgulasch 66
Kartoffel-Köttbullar-Topf, schwedischer 18
Kichererbsen-Hähnchen-Eintopf 26
Kohltopf, deftiger 94
Kohltopf mit Petersilienpesto, weiß-grüner 54
Kürbiseintopf mit roten Linsen................ 52

L/M
Lammeintopf, orientalischer.................. 28
Lamm- oder Wildeintopf mit Pilzen und Wirsing . 114
Linseneintopf mit Mettwürstchen 122
Linsen-Tomaten-Topf ●.................... 88
Mexiko-Eintopf........................... 30

O/P
Orientalischer Lammeintopf.................. 28
Pasta e Fagioli........................... 22
Pichelsteiner 100

R/S
Rindfleisch-Wirsing-Topf.................... 106
Rote-Rüben-Eintopf ●..................... 56
Sauerkrauteintopf mit Fischfilet.............. 96
Schwedischer Kartoffel-Köttbullar-Topf........ 18
Sellerie-Kartoffel-Eintopf.................... 68
Sieben-Pfund-Topf........................ 104
Spanischer Kaninchen-Chorizo-Topf 10
Spargeleintopf ●......................... 64
Speckknödeleintopf, Tiroler 40
Steckrübeneintopf 112
Süßkartoffel-Kürbis-Topf ●................. 16

T
Tagine (Tajine)........................... 34
Tiroler Speckknödeleintopf.................. 40
Tofueintopf ●............................ 66
Tortellini-Eintopf mit „Arme-Leute-Parmesan".... 32

W
Weiß-grüner Kohltopf mit Petersilienpesto 54
Weißkohleintopf mit Kartoffeltalern ●......... 98
Wintereintopf ●.......................... 120
Wirsingeintopf mit grünen Bohnen............ 110

● = vegan

Allgemeine Hinweise

Abkürzungen

EL	=	Esslöffel
TL	=	Teelöffel
Msp.	=	Messerspitze
Pck.	=	Packung/Päckchen
g	=	Gramm
kg	=	Kilogramm
ml	=	Milliliter
l	=	Liter
evtl.	=	eventuell
geh.	=	gehäuft
gem.	=	gemahlen
ger.	=	gerieben
gestr.	=	gestrichen
TK	=	Tiefkühlprodukt
°C	=	Grad Celsius
Ø	=	Durchmesser

Kalorien-/ Nährwertangaben

E	=	Eiweiß
F	=	Fett
Kh	=	Kohlenhydrate
kJ	=	Kilojoule
kcal	=	Kilokalorien
BE	=	Broteinheiten

Bei den Nährwertangaben in den Rezepten handelt es sich um auf- bzw. abgerundete ganze Werte. Lediglich die Broteinheiten werden in 0,5er-Schritten mit einer Stelle nach dem Komma angegeben. Aufgrund von ständigen Rohstoffschwankungen und/oder Rezepturveränderungen bei Lebensmitteln, kann es zu Abweichungen kommen. Die Nährwertangaben dienen daher lediglich Ihrer Orientierung und eignen sich nur bedingt für die Berechnung eines Diätplans, zum Beispiel bei Krankheiten wie Diabetes. Bei krankheitsbedingten Diäten richten Sie sich daher bitte nach den Anweisungen Ihres Diätassistenten bzw. Ihres Arztes.

Allgemeine Hinweise zu den Rezepten
Lesen Sie vor der Zubereitung – besser noch vor dem Einkauf – das Rezept einmal vollständig durch. Oft werden Arbeitsabläufe oder -zusammenhänge dann klarer.

Zutatenliste und Arbeitsschritte
Die Zutaten sind in der Reihenfolge ihrer Verarbeitung aufgeführt. Die Arbeitsschritte sind einzeln hervorgehoben, in der Reihenfolge, in der sie von uns ausprobiert wurden.

Zubereitungszeiten
Die Zubereitungszeit ist ein Anhaltswert für die Zeit der Vorbereitung und die eigentliche Zubereitung. Längere Wartezeiten wie z. B. Kühl- oder Abkühlzeiten und Durchzieh- oder Auftauzeiten sind, sofern parallel keine weitere Tätigkeit erfolgt, nicht in der Zubereitungszeit enthalten.

Backofeneinstellung und Garzeiten
Die in den Rezepten angegebenen Gartemperaturen und Garzeiten sind Richtwerte, die je nach individueller Hitzeleistung Ihres Backofens bzw. Herdes über- oder unterschritten werden können. Machen Sie nach Beendigung der angegebenen Backzeit eine Garprobe. Die Temperaturangaben in diesem Buch beziehen sich auf Elektrobacköfen. Die Temperatureinstellungsmöglichkeiten für Gasbacköfen variieren je nach Hersteller, sodass wir keine allgemeingültigen Angaben machen können. Bitte beachten Sie deshalb bei der Einstellung des Backofens die Gebrauchsanleitung des Herstellers. Ein Backofenthermometer eignet sich dabei gut, um die Backofentemperatur im Blick zu haben.

Unser Ratgeber- und Servicetelefon

Wünsche und Anregungen sind uns willkommen! Haben Sie Fragen? Benötigen Sie Hilfe bei der Zubereitung der Rezepte oder möchten Sie uns etwas mitteilen? Die Mitarbeiter des Dr. Oetker Verlages und des Verbraucherservices der Dr. Oetker Versuchsküche beantworten Ihre Fragen gern.

Versuchsküche: Tel. 0 08 00 71 72 73 74
Mo.–Fr. 8:00–18:00 Uhr
(gebührenfrei in Deutschland)

Dr. Oetker Verlag: Tel. +49 (0) 521 5206 42
Mo.–Fr. 9:00–15:00 Uhr

Dr. Oetker Verlag KG, Am Bach 11, 33602 Bielefeld, www.oetker-verlag.de
www.facebook.com/Dr. OetkerVerlag   www.oetker.de

Umwelthinweis Dieses Buch und der Einband wurden auf FSC®-zertifiziertem, chlorfrei gebleichtem Papier gedruckt.
Die Einschrumpffolie – zum Schutz vor Verschmutzung – ist aus umweltfreundlichem und recyclingfähigem PE-Material.

FSC
www.fsc.org

MIX
Papier aus verantwortungsvollen Quellen
FSC® C004592

Copyright © 2014 by Dr. Oetker Verlag KG, Bielefeld

Redaktion Andrea Gloß, Carola Hülshoff, Christina Langner

Texte und Ratgeber Klaus Schäfer, Bonn

Titelfoto Thomas Diercks, Hamburg

Innenfotos Walter Cimbal, Hamburg (S. 125)
Fotostudio Diercks: Thomas Diercks, Kai Boxhammer, Christiane Krüger, Hamburg
(S. 17, 23, 29, 31, 35, 37, 43, 51, 55, 65, 69, 71, 75, 81, 89, 93, 97, 101–109, 113, 117, 123)
Eising Studio Food Photo & Video, München (S. 21, 61, 124 r. o.)
Ulli Hartmann, Halle/ Westf. (S. 25, 95)
Bernd Lippert (S. 41, 59, 87)
Janne Peters, Hamburg (S. 121)
Antje Plewinski, Berlin (S. 67, 73, 77, 99, 124 r. u.)
Hans-Joachim Schmidt, Hamburg (S. 13, 53, 63, 83, 111, 124 l. u.)
Axel Struwe, Bielefeld (S. 4–11, 15, 27, 33, 39, 45–49, 57, 79, 85, 90/91, 115, 119)
Winkler Studios, Bremen (S. 19)

Rezeptentwicklung und -beratung Olaf Brummel, Bielefeld

Nährwertberechnungen Nutri Service, Hennef

Titelgestaltung küstenwerber, Hamburg
Grafisches Konzept küstenwerber, Hamburg
Gestaltung und Satz MDH Haselhorst, Bielefeld
Reproduktionen Longo AG, Bozen, Italien
Druck und Bindung Firmengruppe APPL, aprinta druck, Wemding

Die Autoren haben dieses Buch nach bestem Wissen und Gewissen erarbeitet. Alle Rezepte, Tipps und Ratschläge sind mit Sorgfalt ausgewählt und geprüft. Eine Haftung des Verlages und seiner Beauftragten für alle erdenklichen Schäden an Personen, Sach- und Vermögensgegenständen ist ausgeschlossen.

Nachdruck und Vervielfältigung (z. B. durch Datenträger aller Art) sowie Verbreitung jeglicher Art, auch auszugsweise, ist nur mit ausdrücklicher Genehmigung und Quellenangabe gestattet.

ISBN: 978-3-7670-0671-3